Daisetz Teitaro Suzuki

Die Ausbildung des Zen-Mönchs

Mit Bildern von Satô Zenchû

Angkor Verlag

Vorbemerkung: In diesem Buch werden Anführungsstriche bewusst nur sehr sporadisch eingesetzt, so dass wörtliche Rede, Dialoge und Zitate besondere Aufmerksamkeit und ein langsames Lesen erfordern. Auf diakritische Zeichen wurde verzichtet. Die Illustrationen, die uns vorlagen, waren alt und von geringer Qualität.

Die Ausbildung des Zen-Mönchs. / Suzuki, Daisetz Teitaro.
Frankfurt am Main: Angkor Verlag 2022

Deutsch von Tarô Yamada.

Erstausgabe: *The Training of the Zen Buddhist Monk*,
Eastern Buddhist Society, Kioto 1934

Coverabbildung: Elina Li / shutterstock.com

www.angkor-verlag.de

Printed in Germany

ISBN: 978-3-943839-75-3
E-Book: 978-3-943839-76-0

Inhalt

Vorwort

Für diejenigen, die meine früheren Werke über den Zen-Buddhismus nicht gelesen haben, ist es vielleicht notwendig, ein paar Worte darüber zu verlieren, was Zen ist.

Zen *(chan* auf Chinesisch) ist das japanische Wort für das Sanskritwort *dhyana,* das im Englischen gewöhnlich mit Begriffen wie Meditation, Kontemplation, „Beruhigung“, Konzentration des Geistes usw. übersetzt wird. Der Buddhismus bietet seinen Anhängern eine dreifache Form der Disziplin: *Sila* (Moral), *Dhyana* (Meditation) und *Prajna* (intuitives Wissen). Von diesen hat das *Dhyana* in China eine besondere Entwicklung erfahren, als der Buddhismus durch den Schmelztiegel der chinesischen Psychologie ging. Im Ergebnis können wir sagen, dass Zen praktisch der chinesische *Modus Operandi* des Buddhismus geworden ist, insbesondere für die Intelligenz. Die Philosophie des Zen ist natürlich die des Buddhismus, insbesondere die des *Prajnaparamita,* stark gefärbt mit der Mystik des Avatamsaka. Da Zen eine Disziplin und keine Philosophie ist, befasst es sich direkt mit dem Leben; und hier hat Zen seine charakteristischsten Merkmale entwickelt. Man kann es als eine Form der Mystik bezeichnen, aber die Art und Weise, wie es mit seiner Erfahrung umgeht, ist ganz und gar einzigartig. Daher auch die besondere Bezeichnung Zen-Buddhismus.

Der Beginn des Zen in China wird traditionell auf die Ankunft Bodhidharmas aus Südindien im Jahre 520 zurückgeführt. Es dauerte jedoch etwa einhundertfünfzig Jahre, bevor Zen als Produkt des chinesischen Genies akklimatisiert wurde; denn es war etwa die Zeit von Hui-neng und seinen Anhängern, dass das, was wir heute als Zen kennen, konkrete Formen annahm, um sich von der indischen Form der buddhistischen Mystik zu unterscheiden. Welches sind nun die besonderen Merkmale des Zen, die sich in der Geschichte des buddhistischen Denkens in China nach und nach herauskristallisiert haben?

Zen bedeutet, wie gesagt, *Dhyana*, aber im Laufe seiner Entwicklung in China hat es sich mehr mit *Prajna* als mit *Dhyana* identifiziert. *Prajna* ist sowohl intuitives Wissen als auch die intuitive Kraft selbst. Die Kraft erwächst aus *Dhyana*, aber *Dhyana* an sich ist nicht *Prajna*, und was Zen zu verwirklichen sucht, ist *Prajna* und nicht *Dhyana*. Zen lehrt uns, die Wahrheit von *sunyata*, der absoluten Leere, zu erfassen, und zwar ohne die Vermittlung durch den Intellekt oder die Logik. Dies soll durch Intuition oder unmittelbare Wahrnehmung geschehen. Hui-neng und Shen-hui betonten diesen Aspekt des Zen und nannten ihn die abrupte Lehre im Gegensatz zur allmählichen Lehre, die eher *Dhyana* als *Prajna* betont. Zen bedeutet also praktisch das Leben der *Prajnaparamita*.

Die Lehre der *Prajnaparamita* ist nichts anderes als die Lehre von Sunyata, und diese soll kurz erläutert werden. Sunyata, das hier mit Leere übersetzt wird, bedeutet nicht Nichtigkeit, Leere oder Inhaltslosigkeit. Es hat einen absoluten Sinn und weigert sich, in Begriffen der Relativität und der formalen Logik ausgedrückt zu werden. Sie lässt sich nur in Begriffen des Widerspruchs ausdrücken. Sie kann nicht mit Begriffen erfasst werden. Die einzige Möglichkeit, sie zu verstehen, besteht darin, sie in sich selbst zu erfahren. In dieser Hinsicht gehört der Begriff Sunyata mehr zur Psychologie als zu irgendetwas anderem, vor allem, wie er im Zen-Buddhismus behandelt wird. Wenn die Meister verkünden: Die Brücke fließt, aber das Wasser nicht; die Weidenblätter sind nicht grün, die Blumen sind nicht rot usw., dann sprechen sie von ihrer inneren Erfahrung, und mit dieser inneren Erfahrung ist diejenige gemeint, die zu uns kommt, wenn Geist und Körper sich auflösen, und durch die alle unsere gewöhnlichen Arten, die Welt zu betrachten, zu einer anderen werden.

Die so genannte Welt erfährt eine grundlegende Veränderung. Natürlich sind die Aussagen, die aus einer solchen Erfahrung entstehen, voller Widersprüche und erscheinen sogar völlig unsinnig. Das ist unvermeidlich, aber das Zen findet hier seine besondere Aufgabe.

Was in den indischen Mahayana-Sutras abstrakt formuliert wird, wird im Zen konkretisiert. Daher gibt es im Zen eine Fülle von konkreten, individuellen Bildern; mit anderen Worten: Zen bedient sich in hohem Maße poetischer Ausdrücke; Zen ist mit der Poesie verbunden.

In den Anfängen der Zen-Geschichte gab es keine festgelegte Methode, um Zen zu studieren. Diejenigen, die es verstehen wollten, kamen zum Meister, aber dieser hatte keine stereotype Unterweisung zu geben, denn das lag in der Natur der Dinge. Er drückte einfach auf seine Art und Weise, entweder durch Gesten oder durch Worte, seine Missbilligung gegenüber jeder Ansicht aus, die ihm seine Schüler vortrugen, bis er mit ihnen zufrieden war. Sein Umgang mit seinen Jüngern war in den Annalen der geistlichen Übungen ziemlich einzigartig. Er schlug sie mit einem Stock, ohrfeigte sie, trat sie zu Boden; er stieß einen unzusammenhängenden Ausruf aus, er lachte sie aus, machte manchmal spöttische, manchmal satirische, manchmal sogar beleidigende Bemerkungen, die diejenigen, die nicht an die Art und Weise eines Zen-Meisters gewöhnt sind, sicherlich verblüffen werden. Das lag nicht am jähzornigen Charakter bestimmter Meister, sondern an der besonderen Natur der Zen-Erfahrung, die der Meister mit allen ihm zur Verfügung stehenden verbalen und gestischen Mitteln seinen wahrheitssuchenden Schülern zu vermitteln sucht. Es war keine leichte Aufgabe für sie, diese Art der Kommunikation zu verstehen. Es ging jedoch nicht darum, das zu verstehen, was von außen zu ihnen kam, sondern das zu erwecken, was in ihnen selbst liegt. Der Meister konnte nichts weiter tun, als den Weg dorthin aufzuzeigen. Infolgedessen gab es nicht viele, die die Lehre des Zen ohne weiteres verstehen konnten.

Diese Schwierigkeit liegt in der Natur des Zen und wurde durch die Entwicklung der Koan-Übung im elften Jahrhundert erheblich erleichtert; diese Übung ist nun zum besonderen Merkmal des Zen in Japan geworden. Koan, was wörtlich übersetzt „offizielles Dokument" bedeutet, ist eine Art Aufgabe, die den Zen-Schülern zur Lösung gegeben wird und die zur Erkenntnis der Wahrheit des Zen führt. Die Koans sind hauptsächlich den Äußerungen der alten Meister entnommen. Mit einem Koan vor Augen weiß der Schüler nun, worauf er seine Aufmerksamkeit richten muss, um den Weg zur Erkenntnis zu finden. Zuvor musste er völlig im Dunkeln tappen und wusste nicht, wohin er seine Hand auf der Suche nach einem Licht legen sollte.

Die Koan-Übung ist zweifellos eine große Hilfe für das Verständnis des Zen, aber gleichzeitig kann sie die spirituelle Qualität der Zen-Schüler senken. Systematisierung bedeutet in gewissem Sinne Popularisierung, denn die Dinge werden leichter verständlich, wenn man sie in eine Ordnung bringt. Aber diese demokratische Verbreitung tendiert dazu, die Chance auf Originalität und Kreativität zu töten, und das sind die Merkmale des religiösen Genies. Das System lässt keine Unregelmäßigkeiten zu, sie werden im Allgemeinen ausgeschlossen. Doch im Zen sind diese unregelmäßigen Sprünge das, was man am meisten braucht, obwohl die Koan-Übung ein sehr flexibles System ist und der Meister durch seine kluge Anwendung in der Lage ist, seine Schüler in voller Übereinstimmung mit dem wahren Geist des Zen zu erziehen.

Zen kam im 12. und 13. Jahrhundert nach Japan, als die Kamakura-Regierung unter der Familie Hojo ihre Blütezeit erlebte. Es wurde sofort von der militärischen Klasse angenommen. Da es direkt war und nicht viel Lernen erforderte, war es genau das Richtige für die Hojo-Krieger. Die japanische Kultur unter dem Hojo-Regime zeichnet sich durch ihre strenge Schlichtheit und ihre starke schöpferische Kraft aus, vor allem im religiösen Denken: Große buddhistische Führer wurden hervorgebracht, die neue Schulen des Buddhismus gründeten; die meisten Zen-Klöster von erster Bedeutung wurden gegründet; und der Aufstieg von Bushido, dem Weg des Kriegers, fällt mit der Verbreitung des Zen in der Kriegerklasse zusammen. Auch die Kunst des Fechtens verdankt dem Zen viel, weil sie stark mit seinem mystischen Geist verbunden ist. Die Tatsache, dass das japanische Schwert mit beiden Händen geführt werden muss und dass der japanische Krieger niemals einen Schild trägt, sondern sich immer zum Angriff beugt, zeigt, wie sehr der Samurai die

Praxis des Zen schätzt, in der die Idee des Geradeausgehens stark betont wird.

Zen hat in Japan weit mehr als in China zur Charakterbildung und zur Entwicklung der Kultur beigetragen. Das ist vielleicht einer der Gründe, warum Zen in Japan immer noch eine lebendige spirituelle Kraft ist, während es in China fast aufgehört hat, dies zu sein. Der Zendo (Meditationshalle) in Japan wird von jungen Menschen mit Charakter und Intelligenz besucht, und dass die Zen-Tradition sehr lebendig ist, zeigt der Verkauf von Büchern über Zen. Viele Anhänger des Zen finden sich unter Geschäftsleuten, Staatsmännern und anderen gesellschaftlich bedeutenden Personen. Der Zendo ist also keineswegs eine Einrichtung, die ausschließlich für die Mönche bestimmt ist.

Derzeit gibt es in Japan über zwanzig solcher Einrichtungen, die dem Rinzai-Zweig des Zen angehören. Auch im Soto-Zweig muss es viele geben, über die ich jedoch nicht so gut informiert bin, und was auf den folgenden Seiten beschrieben wird, gilt hauptsächlich für die Rinzai. Sowohl der Rinzai- als auch der Soto- Zweig gehören zum Zen, haben sich jedoch im Laufe ihrer Geschichte in China, vor allem aber in Japan, voneinander abgegrenzt.

Ich behaupte, dass es bei der Erforschung des Orients, insbesondere bei der Erforschung des japanischen Charakters und der japanischen Kultur, unmöglich ist, den Einfluss des Zen zu vernachlässigen, geschweige denn zu ignorieren. Zen sollte nicht nur in seinem theoretischen Aspekt als einzigartiges Produkt des orientalischen Geistes studiert werden, sondern auch in seinem praktischen Aspekt, wie er im Leben des Zendo zu sehen ist. Dies ist das Hauptmotiv für das Verfassen dieses Buches, das vom Ehrwürdigen Zenchu Sato aus dem Tokeiji, Kamakura, ausführlich illustriert wird. Er ist kein professioneller Maler, aber da er zu denjenigen gehört, die alle disziplinarischen Maßnahmen des Zendo-Lebens durchlaufen haben, ist er von dessen Geist durchdrungen, und was er hier dargestellt hat, ist die Aufzeichnung seiner eigenen Erfahrung.

Ich habe viele Zen-Interviews, Zen-Dialoge oder Zen-Geschichten der alten Meister hinzugefügt, die ich wahllos aus einem Werk mit dem Titel *Zenrin Ruishu* in zwanzig Faszikeln ausgewählt habe. Es ist ein recht handliches Buch, das Zen-Geschichten unter geordneten Überschriften enthält; leider ist es heute ein seltenes Buch.

Daisetz Teitaro Suzuki, Kamakura, Januar 1934

I
Einweihung

1
Die Ausbildung des Zen-Mönchs findet im Semmon Dojo statt, dem Sitz der vollkommenen Weisheit *(bodhimanda)*, der speziell für diesen Zweck errichtet wurde. Während Dojo seine ursprüngliche Bedeutung verloren hat und heute für jeden Ort der Ausbildung verwendet wird, behält es seine ursprüngliche Bedeutung, wenn es auf das Zen-Kloster angewendet wird. In der Regel finden wir in allen großen Zen-Tempeln in Japan eine solche Ausbildungsstätte für die Mönche. Ein Zen-Mönch ist kein Zen-Mönch, wenn er nicht zumindest einige Jahre strenger Disziplin in diesem Institut durchläuft. Alle Mönche, die nach dem Ritus der Zen-Schule des Buddhismus ordiniert werden, sollen daher ein Mal in ihrem Leben hierher kommen; trotz ihrer höheren modernen Hochschulausbildung kann kein Mönch in seinen Kreisen kirchliches Ansehen genießen, wenn er nicht einst hier Zen-Schüler war. Sie haben also allen Grund, in das Semmon Dojo zu kommen und sich seinem disziplinären Lehrplan zu unterwerfen.

Da der Autor in diesem Moment auf dem Gelände des Engakuji in Kamakura, einem der wichtigsten Zen- Klöster Japans, lebt, soll er hier das Dojo beschreiben. Das Kloster ist von Hügeln umgeben, und in einem der Täler, an denen entlang man zum höher gelegenen und inneren Teil des Geländes hinaufgeht, befindet sich ein Tempel namens Shozoku-in. Das Semmon-Dojo befindet sich innerhalb des Tores dieses Tempels, der in seiner jetzigen Form Folgendes umfasst: das Grab des Gründers von Engakuji, die ihm gewidmete Halle, die Halle, in der die Sarira (Reliquien) des Buddha aufbewahrt werden (im klassischen Stil der Sung-Architektur), das Zendo (d. h. die Meditationshalle), das Shozoku-in selbst (das den Joju-Teil des Klosters bildet), den Glockenturm und die Wohnräume des Meisters, bekannt als Zempanryo oder Inryo.

Die meisten Gebäude hier sind Rekonstruktionen seit dem Erdbeben von 1923. Stellen wir uns vor, dass sich alle auf den folgenden Seiten dargestellten Szenen mehr oder weniger genau auf ein Semmon Dojo beziehen, das dem des Klosters Engakuji ähnelt, während die Bilder selbst den Leser oft an eines der Semmon Dojo in Kyoto erinnern mögen, wenn er sich dort jemals aufgehalten hat.

Das Leben im Semmon Dojo, das später als Zendo-Leben bezeichnet wird, ist etwas, das dem modernen Leben überhaupt nicht entspricht. Man kann fast sagen, dass alles Moderne und viele Dinge, die normalerweise als Symbol für ein frommes Leben gelten, hier fehlen. Statt arbeitssparender Maschinerie wird das gefördert, was als Verschwendung von Arbeit erscheinen mag. Kommerzialisierung und Eigenwerbung sind verboten.

Wissenschaftliche, intellektuelle Bildung ist untersagt. Bequemlichkeit, Luxus und weibliche Liebenswürdigkeit fallen durch ihre Abwesenheit auf. Es gibt jedoch einen Geist des grimmigen Ernstes, mit dem nach höheren Wahrheiten gesucht wird; es gibt eine entschlossene Hingabe an die Erlangung höherer Weisheit, die dazu beitragen wird, allen Leiden und Gebrechen des menschlichen Lebens ein Ende zu setzen, und auch an die Aneignung grundlegender sozialer Tugenden, die in aller Ruhe den Weg zum Weltfrieden und zur Förderung des allgemeinen Wohlergehens der gesamten Menschheit ebnen. Das Zen-Leben zielt also nicht nur darauf ab, die spirituelle Entwicklung des Mönchs zu fördern, sondern auch darauf, gute Bürger hervorzubringen, sowohl als Mitglieder der Gesellschaft als auch als Individuen.

Das Leben im Zendo kann grob in (1) Leben der Demut, (2) Leben der Arbeit, (3) Leben des Dienens, (4) Leben des Gebets und der Dankbarkeit und (5) Leben der Meditation unterteilt werden. Nach seiner Einweihung in die Bruderschaft soll der Mönch nach diesen Grundsätzen ausgebildet werden.

Unter Initiation versteht man die Aufnahme eines Mönchs in die Gemeinschaft einer Zen-Bruderschaft, die mit einem bestimmten Kloster verbunden ist. Um als Novize aufgenommen zu werden, sind einige Vorarbeiten erforderlich. Zunächst muss er eine Bescheinigung als regulär ordinierter

Schüler eines Zen- Priesters erhalten und dann mit allen Gegenständen ausgestattet werden, die zur Ausstattung eines Zen-Mönchs gehören, der zum Studium des Zen reist. Die Gegenstände, die ein Mönch braucht, sind sehr wenige und können leicht auf den Schultern getragen werden. Mit einem tiefen und großen Bambushut auf dem Kopf und einem Paar Strohsandalen und Baumwollleggings, die seine Beine und Füße sicher schützen, erscheint der Mönch vor der Veranda des Dojo.

Dieses Reisen oder Pilgern, das technisch als *angya (hsing-chiao,* zu Fuß gehen) bekannt ist, hat eine besondere Bedeutung für den Mönch, und selbst wenn jede Form von modernem Transportmittel zur Verfügung steht, muss er sich in die vollständige Reisekleidung wie in alten Tagen kleiden und sich so den Dojo-Autoritäten präsentieren. (Tafel 1)

Hier ist das Lied von *Angya,* komponiert von Shanchao, einer der bekannten chinesischen Zen-Meister der frühen Sung-Zeit:

„Entschlossen, seine Eltern zu verlassen – was will er erreichen? Er ist jetzt ein Buddhist, ein heimatloser Mönch und kein Mann von Welt mehr; sein Geist ist stets auf die Beherrschung des Dharma ausgerichtet. Sein Verhalten ist so transparent wie Eis oder ein Kristall, er strebt nicht nach Ruhm und Reichtum, Er soll sich von allen Arten von Verunreinigungen befreien. Ihm bleibt nichts anderes übrig, als umherzugehen und sich zu erkundigen; lasst ihn Geist und Körper trainieren, indem er über die Berge wandert und die Flüsse durchquert; lasst ihn sich mit den Weisen des Dharma anfreunden und ihnen Respekt zollen, wo immer er sie antrifft; lasst ihn dem Schnee trotzen und die frostigen Straßen betreten, ohne sich um die Härte des Wetters zu kümmern; lasst ihn die Wellen durchqueren und die Wolken durchdringen, Drachen und böse Geister verjagen."

Es ist möglich, dass der Gebrauch ursprünglich auf Sudhanas Besuche bei mehr als fünfzig Meistern in verschiedenen Bereichen des Lebens zurückgeht, wie im *Gandavyuha* (Kegon Sutra) berichtet wird. Sein eiserner Stab begleitet ihn, wohin er auch reist, und sein kupferner Krug ist gut gefüllt; so soll er sich nicht ärgern über die Mühsal der weltlichen Angelegenheiten, seine Freunde sind diejenigen im Kloster, mit denen er das Dharma abwägen kann, indem er ein für alle Mal die vier Propositionen und hundert Negationen abschneidet.

„Hüte dich davor, dich von anderen umsonst in die Irre führen zu lassen; jetzt, wo du im Kloster bist, ist es deine Aufgabe, den großen Pfad zu gehen, und nicht an der Welt zu hängen, sondern leer von allen Trivialitäten zu sein; halte an der letzten Wahrheit fest und lehne harte Arbeit in jeder Form nicht ab; entferne dich von Lärm und Menschenmassen, hör auf, dich abzumühen und zu begehren. Denk an den, der sich in den Abgrund gestürzt hat, und an den, der die ganze Nacht im Schnee gestanden hat, und sammle deine ganze Kraft, damit du die Herrlichkeit deines Dharma-Königs immer manifestieren kannst; sei stets fleißig im Streben nach der Wahrheit, sei stets ehrfürchtig gegenüber den Ältesten; du bist aufgefordert, Kälte, Hitze und Entbehrungen zu ertragen, denn du bist noch nicht zum Ort des Friedens gekommen; hege keine neidischen Gedanken auf weltlichen Wohlstand, sei nicht niedergeschlagen, nur weil du geringgeschätzt wirst, sondern bemühe dich, direkt in deine eigene Natur hineinzuschauen, ohne von anderen abhängig zu sein. Über die fünf Seen und die vier Meere pilgerst du von Kloster zu Kloster; Tausende von Meilen über Hunderte von Bergen zu gehen, ist wahrlich keine leichte Aufgabe; mögest du endlich den Meister im Dharma intim befragen und zur Einsicht in deine eigene Natur geführt werden, dann wirst du kein Unkraut mehr für Heilpflanzen halten.“

Heutzutage reist man mit der Eisenbahn oder mit dem Flugzeug, und all der Reiz, all die Erfahrungen und all die Bildung, die man durch das Reisen zu Fuß wie in alten Zeiten erhält, gehen völlig verloren – das ist einer der großen moralischen Verluste, die wir Modernen in diesem mechanischen Zeitalter erleiden. Wenn das Bergsteigen zu leicht gemacht wird, löst sich die spirituelle Wirkung der Bergübungen in Luft auf. Der moralische Nutzen, den der moderne Mönch auf diese Weise zusammen mit der Pittoreske seines Lebens verliert, ist sehr zu bedauern. Wir müssen irgendwie – je eher, desto besser – einen Weg finden, um all die Verluste zu kompensieren, die Wissenschaft, Maschinen und Kapitalismus unweigerlich mit sich bringen.

2

Auf welche Weise wir auch immer reisen, zu Fuß oder mit dem Zug, das Leben selbst ist eine Form von *angya:* Woher? ist der Name unserer Ausgangsstation und Wohin? ist der Name der Ankunft. Daher diese Ermahnung von Ta-hui an einen seiner Laienschüler:

Woher kommt die Geburt? Woher kommt der Tod? Derjenige, der dieses Woher und Wohin kennt, gilt als der wahre Buddhist. Aber wer ist derjenige, der Geburt und Tod kennt? Wer ist derjenige, der Geburt und Tod erleidet? Wer ist derjenige, der nicht weiß, woher die Geburt kommt und wohin der Tod geht? Wer ist derjenige, der plötzlich zu der Erkenntnis dieses Woher und Wohin kommt? Wenn dies nicht gründlich verstanden wird, wandern die Augen, das Herz klopft, die Eingeweide winden sich, als ob ein Feuerball im Körper auf und ab rollt. Und wer ist nun derjenige, der diese Qualen erleidet? Wenn du wissen willst, wer das ist, tauche hinab in die Tiefen deines Wesens, wohin kein Verstand zu gelangen vermag: und wenn du es weißt, verstehst du, dass es einen Ort gibt, den weder Geburt noch Tod berühren können.

Das Ziel der Pilgerreise des Zen-Mönchs wie auch unseres Lebens ist es, zum Verständnis all dieser von Ta-hui aufgeworfenen Fragen zu gelangen; denn dies ist das Sehen in die eigene Natur. Der bloße Besuch einer heiligen Stätte nach der anderen steht nicht auf dem Programm des Zen-Reisenden. Wie das Leben sein eigenes Bündel in Form des Körpers trägt, so trägt auch der Mönch ein Reisebündel auf seinen Schultern. Wie glücklich könnten wir sein – das stellen wir uns oft vor –, wenn wir von diesem unvermeidlichen Bündel, das als Körper oder Fleisch bekannt ist, befreit wären! Da dies unmöglich ist, können wir vielleicht nur versuchen, die Menge und das Gewicht des Bündels auf ein Minimum zu reduzieren. Je kleiner das Bündel, desto freier werden wir uns bewegen. Aus diesem Grund beschränkt der Mönch sein Gepäck auf den Inhalt einer Pappschachtel von etwa 13×10×3½ Zoll, *kesa bunko* genannt. Darin befinden sich ein Priestergewand *(kesa/kashaya),* ein Rasiermesser, die Heimatadresse, etwas Geld (das im Falle seines unerwarteten Todes für die Beerdigung verwendet werden soll), ein oder zwei Bücher, ein Satz Schüsseln (die außen an die Schachtel gebunden sind) und andere kleine verschiedene Dinge.

Die schlimmste Leidenschaft, die wir Sterblichen hegen, ist das Verlangen, etwas zu besitzen. Selbst wenn wir wissen, dass unser endgültiger Bestimmungsort ein Loch ist, das nicht größer als ein Meter im Quadrat ist, haben wir das stärkste Verlangen nach Anhäufung, die wir selbst nach dem Tod nicht gebrauchen können. Der Mönch protestiert stumm gegen diese menschliche Leidenschaft, indem er seine Besitztümer bis zum letzten Grad begrenzt.

3

In alten Zeiten, als es noch keine Eisenbahn gab, musste der Mönch auf dem Weg zu dem Kloster, in dem er Zen studieren wollte, viele Nächte verbringen. Da er kein Geld hatte, musste er diese Nächte in einer beliebigen Unterkunft zubringen, in der Regel in einem buddhistischen Tempel, in dem man ihm großzügig Gastfreundschaft gewährte, aber auch auf freiem Feld oder in einem einsamen Schrein am Straßenrand, wenn dies nicht möglich war. Dies war in der Tat eine gute praktische Ausbildung für den jungen Mönch, der sich nun entschlossen hat, die endgültige Lösung auf Fragen zu finden, wie sie von Ta-hui formuliert wurden, die aber in Wirklichkeit tief in seinem eigenen Herzen aufgewühlt sind. Denn die Fragen sind zu lösen, wenn sie überhaupt gelöst werden, indem man einen engen Kontakt zum Leben hält. Wenn dieser Kontakt verloren geht, werden die Fragen zu Themen der Intellektualität. Der junge Mönch muss daher das Leben in seinen härtesten und schwierigsten Aspekten erfahren; wenn er nicht leidet, kann er nicht in die Tiefen seines eigenen Wesens eindringen. Das Reisen lehrt dies, und es war gut für ihn, auf alles vorbereitet zu sein, was auf seiner mönchischen Pilgerreise auf ihn zukommen könnte.

Er ist nun an seinem Ziel angekommen. Das Bild (Tafel 2) zeigt den Eingang des Tempels, der an den Zendo angeschlossen ist. Einer der Mönchsoffiziere ist herausgekommen, um den neuen Bewerber zu sehen. Dieser legt respektvoll sein Einführungsschreiben und eine Bescheinigung seines Meisters vor, von dem er ordiniert wurde. Doch die Aufnahme in die Bruderschaft wird ihm höflich, aber bestimmt verweigert. Die Begründung ist heutzutage üblich: Der Zendo ist zu voll, oder der Tempel ist zu arm, und eine Aufnahme ist nicht mehr möglich. Wenn der Mönchsnovize dies stillschweigend akzeptiert und es in einem anderen Kloster versucht, wird es keinen Zendo geben, in dem er Aufnahme finden kann; denn er wird überall auf diese Form der Ablehnung treffen.

Die Ablehnung wird ausgesprochen und der Zuständige zieht sich zurück. Da er nun allein gelassen wird, bleibt dem Mönch nichts anderes übrig, als sein Bittgebet in der gleichen Haltung fortzusetzen, die er zu Beginn eingenommen hat: Er beugt sich mit gesenktem Kopf über sein Gepäck. Er kann sich glücklich schätzen, wenn er so ungestört ist. Denn manchmal wird er als hartnäckiger Mönch, der sich weigert, die ihm von der Bruderschaft gegebene Entscheidung zu akzeptieren, gewaltsam hinausgeworfen.

4

Wenn die Zen-Mönche unhöflich sein wollen, können sie es sein. Der neue, hartnäckige Bewerber wird nun gewaltsam vom Eingang abgewiesen und vor das Tor gestoßen, das hinter ihm geschlossen wird. Er lässt sich jedoch nicht beirren, sondern breitet sich auf seinem Platz aus, lässt sein Bündel fallen und beginnt im Lotussitz zu sitzen; bald findet man ihn scheinbar tief in Meditation versunken. Die Nacht schreitet voran, und man sieht den Mond zwischen den Ästen eines Baumes untergehen (Tafel 3).

Es scheint, als gäbe es im Herzen des Zen-Meisters keine weichen Stellen mehr. Was er seinen Mönchen zukommen lässt, sind in der Regel scharfe Beschimpfungen und wütendes Fäusteschütteln. Denn die Zen- Wahrheit ist etwas, das man dem Meister aus den Händen reißen muss; er wird nie bereit sein, sie denen, die darum betteln, milde zukommen zu lassen. Man muss ihn dazu bringen, sie ihnen unwillkürlich zu geben. Darin unterscheidet sich die Zen-Disziplin von anderen religiösen Ausbildungen. Wir werden noch weitere Gelegenheiten haben, zu sehen, wie das ist.

5

Wie es meistens der Fall ist, wird der Neuankömmling *(shinto)* eingeladen, wenn der Abend kommt. Er ist dann zumindest für eine Nacht sicher, dass er vor Entblößung geschützt ist; aber wenn er erwartet, unter einem warmen Bettzeug zu schlafen, wird er furchtbar enttäuscht sein. Eine solche Unterkunft erwartet ihn nicht, und er ist bereit, alle Prüfungen zu bestehen. Über all diese Unannehmlichkeiten ist er informiert worden, bevor er diese Pilgerreise antrat. Zen-Mönche sollen ihre Nächte nicht bequem im Bett verbringen; wenn die Fragen, die alle intellektuellen Lösungsversuche vereiteln, sie immer noch quälen, wie können sie dann hoffen, irgendeine Art von Ruhe zu finden? In den Annalen des Zen gab es viele Beispiele, denen sie folgen können, wenn sie wirklich erleuchtet werden wollen. Tzu-ming (Jimyo) der Sung-Dynastie durchbohrte seinen Oberschenkel mit einem Bohrer, als er sich beim Meditieren müde fühlte. Der Neuankömmling verbringt seine Nächte mit dem Gesicht zur Wand in der Haltung der Meditation. (Tafel 4) Wenn der Morgen kommt, zieht er seine Strohsandalen an, geht hinaus und nickt mit dem Kopf über seinem eigenen Gepäck ein, wie er es am Vortag getan hat.

Diese Probezeit, auch *niwa-dzume* genannt, kann mindestens zwei oder drei Tage dauern, die sich früher sogar auf eine Woche ausdehnten. Den ganzen Tag mit dem Kopf auf dem Bündel zu verbringen, ist, gelinde gesagt, eine höchst ermüdende und anstrengende Prozedur. Wie hoch sein Ideal und wie hoch seine Bestrebungen auch sein mögen, der Zen-Mönch ohne den Sinn für Demut und Selbstverleugnung wird den höchsten Grad der Läuterung nicht erreichen können. Dieses *niwa-dzume* ist die erste praktische Lektion, die ihm erteilt wird, sobald er im Zendo ankommt.

Nach dem *niwa-dzume* kommt das sogenannte *tangwa dzume. Tangwa* bedeutet wörtlich „am Morgen gehen“ und ist die Bezeichnung für den Raum, in dem reisende Mönche für eine Nacht untergebracht werden; eine zweite Nacht dürfen sie nicht bleiben, daher der Name. Der Mönchsnovize darf nun hereinkommen und eine weitere dreitägige Probezeit in diesem Raum verbringen. So bleibt er sozusagen in Einzelhaft und verbringt den ganzen Tag in Meditation.

6

Wenn etwa fünf Tage seit der Ankunft im Kloster vergangen sind, erhält der Mönchsnovize einen Bescheid vom Büro, das als *Shika-ryo* bekannt ist und die gesamte Bruderschaft leitet. Laut dieser Mitteilung soll er endlich in den Zendo aufgenommen werden. Er wird über die Regeln aufgeklärt, und der Obermönch gibt ihm gute Ratschläge. Am nächsten Morgen, nach dem Frühstück, wird er vom Unterkunftsraum in den Zendo gebracht.

Er zieht sein *Kesa* an, das formale zeremonielle Gewand für die gesamte buddhistische Priesterschaft. Er wird von einem der Mönche, die für den Zendo verantwortlich sind, zuerst zu Manjusri, dem Bodhisattva, geführt, der in der Nähe des Vordereingangs verehrt wird. Er breitet sein *Zagu*, ein quadratisches Stück Seide mit einem Muster, aus und wirft sich drei Mal vor ihm nieder. (Tafel 5) Danach wird er zu seinem Platz geführt, wo er sein bescheidenes Gepäck an das Fenster gelehnt vorfindet. Als er es nimmt, verkündet der Mönch mit lauter Stimme die Aufnahme eines neuen Mitglieds in die Bruderschaft. Eine Teezeremonie folgt, und der Novize beginnt sein Leben im Zendo.

Der Novize ist noch nicht dem Meister selbst vorgestellt worden, das geschieht erst einige Tage später. Eines Morgens wird ihm gesagt, er solle sein Interview-Räucherstäbchen bereithalten, das dem Roshi, also dem Meister, dargeboten werden solle. Weihrauch wird im Kloster für verschiedene Zwecke verwendet. In diesem Fall ist das Weihrauchopfer eine Art Unterpfand dafür, dass der neu Aufgenommene den gegenwärtigen Meister in gutem Glauben als seinen Lehrer im Zen annimmt. An der Schwelle zum Zimmer des Meisters breitet der Mönch sein Sitztuch *(zagu)* aus und verbeugt sich darauf drei Mal. In der Zwischenzeit faltet der Meister seine Hände vor ihm. (Tafel 6) Beide nehmen an der Teezeremonie teil, die darin besteht, dass jeder aus seiner Tasse Tee trinkt. Der Roshi wird den Mönch wahrscheinlich nach seinem Namen, seinem Heimatort, seiner Ausbildung usw. fragen.

Das erste Gespräch kann mit dieser Art von Konversation enden, da der Mönch ein vollkommener Novize im Zen ist. In früheren Zeiten jedoch ging auch das erste Gespräch zwischen einem Neuankömmling und dem Meister direkt zum Kern der Sache, und es fand etwa Folgendes statt:

Hsüeh-feng fragte einen Mönch: Wie ist dein Name? Mönch: Mein Name ist Hsüan-hi (‚geheimnisvoller Webstuhl'). Hsüeh-feng: Wie viel Stoff webst du täglich? Mönch: Ich habe kein einziges Stück Stoff bci mir. Hsüeh-feng: Geh zurück zu deinem Zendo. Bevor der Mönch ein paar Schritte machte, um die Gegenwart des Meisters zu verlassen, rief dieser ihm zu: Dein *Kesa* (priesterliches Gewand) fällt auf den Boden! Der Mönch wandte den Kopf, woraufhin Hsüeh-feng sagte: Schön, dass du kein Tuch bei dir trägst!

Han-chu fragte einen Mönch: Wang und Huang sind nicht deine ursprünglichen Familiennamen; wie lautet dein ursprünglicher Name? Mönch: Genau wie bei dir. Han-chu: Abgesehen davon, dass du aus derselben Familie stammst – ich möchte deinen ursprünglichen Familiennamen wissen. Mönch: Wenn der Fluss Han seinen Abwärtskurs umkehrt, werde ich es dir sagen. Han-chu: Warum nicht jetzt? Mönch: Hat der Fluss seinen Lauf geändert, oder nicht? Han-chu war zufrieden mit dem Mönch.

Wen fragte einen Mönch: Woher kommst du? Mönch: Aus Ta-yang. Wen: Wo hast du deinen letzten Sommeraufenthalt verbracht? Mönch: Ta-kuei. Wen: Wo ist dein Heimatort? Mönch: Hsing-yüan Fu. Wen streckte nun seine Hand aus und sagte: Wie kommt es, dass meine Hand der Hand des Buddha so ähnlich ist? Der Mönch wusste nicht, wie er sie nehmen sollte. Sagte der Meister: Bis jetzt waren deine Antworten wunderbar natürlich und leicht; welche Hindernisse fühlst du jetzt, wo ich dich frage, ob meine Hand der des Buddha ähnelt? Mönch: Ich verstehe nicht, worum es geht. Meister: Alles steht dir vollkommen offen, und es gibt nichts Besonderes, was du wahrnehmen müsstest. So wurden auf einen Schlag die Hindernisse des Mönchs beseitigt.

Unser Novizenmönch hat sein Koan noch nicht bekommen, und wir müssen warten, bis er sein erstes gelöst hat, damit er diese Dialoge verstehen kann. Zur Zeit des abendlichen *Sanzen* wird ihm gesagt, er solle mit den anderen zum Roshi kommen, dann wird er sein Koan bekommen, was den wirklichen Beginn seines Zendo-Lebens bedeutet.

Tafel 1: Der Mönch geht auf Pilgerreise

Tafel 2: Bitte um Einlass

Tafel 3: Einlass verwehrt

Tafel 4: Ein Tag in der Gästeunterkunft

Tafel 5: Einweihung in den Zendo

Tafel 6: Vorstellung beim Roshi

II
Ein Leben der Demut

Obwohl es keinen Zweifel daran gibt, dass das Hauptmittel zur Unterstützung des Zendo-Lebens das Betteln ist, wie es in den alten Tagen des Buddha war, hat das Betteln neben seinem wirtschaftlichen Wert eine zweifache moralische Bedeutung: die eine ist, den Bettler Demut zu lehren, und die andere ist, den Geber dazu zu bringen, das Verdienst der Selbstverleugnung anzuhäufen. Beide haben einen großen sozialen Wert, wenn sie in ihrer richtigen Bedeutung verstanden werden, und was im Leben der Mönche am stärksten hervorgehoben wird, ist diese soziale Bedeutung und nicht unbedingt ihre wirtschaftliche Bedeutung. Denn wenn es notwendig wäre, sich auf andere Weise zu ernähren, hätte die Klosterleitung bald einen Weg dafür gefunden. Aber wegen seines erzieherischen Wertes wurde das Betteln für die Mönche als Hauptmethode für ihren physischen Unterhalt gewählt. An bestimmten Tagen gehen die Mönche in einer langen Reihe langsam durch die Straßen und rufen dabei „Ho". (Tafel 7) Jeder von ihnen trägt eine Schale, in die er Geld oder Reis erhält. Die Opfergabe wird mit einer kurzen Rezitation bedankt. Im Allgemeinen gehen die Mönche in einer kleinen Gruppe von vier oder fünf Personen aus. Sie tragen alle tiefe, breite Hüte, die es dem Träger erlauben, nur drei oder vier Fuß weit zu sehen. Sie können nicht einmal das Gesicht des Spenders erkennen, der vielleicht einen Cent in ihre

Schale fallen lässt. Dies geschieht absichtlich. Der Spender darf nicht wissen, wer der Bettler ist, und der Bettler darf nicht sehen, wer der Spender ist. Die Tat der Nächstenliebe soll völlig frei von persönlichen Beziehungen ausgeübt werden. Wenn diese vorhanden sind, kann die Tat ihren spirituellen Sinn verlieren. Sie ist dann nur ein Akt der Bevorzugung, das heißt, sie birgt auf der einen Seite das Gefühl der persönlichen Überlegenheit und auf der anderen Seite das erniedrigende Bewusstsein der Unterwürfigkeit in sich.

Die Schale, die die Mönche bei sich tragen, spielt eine große Rolle in der Geschichte des Zen. Zusammen mit dem Gewand symbolisiert sie priesterliche Autorität. Als Hui-neng eine Einsicht in die Wahrheit des Zen hatte, soll sein Meister Hung-jen Hui-neng seine eigene Robe und Schale übergeben haben, um zu bezeugen, dass sein Schüler das richtige Verständnis des Zen hatte. Später wollte einer der Schüler von Hung-jen die Schale von Hui-neng wegtragen. Hui-neng unternahm keine besonderen Anstrengungen, sich dem Eindringling zu widersetzen, aber aus irgendeinem mysteriösen Grund konnte dieser die Schale nicht hochheben. Später hielt der Kaiser Tai-tsung von Sung die Schale eines Mönchs in den Händen und bat Wang Sui, seinen Minister: Einst durfte die Schale in Tai-yu Ling nicht hochgehoben werden; wie kommt es, dass sie jetzt sicher in meinen Händen ist? Der Minister konnte die kaiserliche Frage nicht beantworten.

Als Nan-chüan sah, wie einer seiner Mönche eine Schale wusch, nahm er sie ihm weg. Der Mönch stand mit leeren Händen da. Daraufhin bemerkte Nan-chüan: Die Schale ist in meinen Händen, was nützt es, so viel darüber zu reden?

Als Hsüeh-feng im Kuo-ching-Kloster weilte, hielt er seine Schale hoch und sagte zu einem buddhistischen Gelehrten: Wenn du die Wahrheit verstehst, wird dir dies gegeben werden. Gelehrter: Eine solche Transaktion ist das Geschäft eines Transformations-Buddha. Feng: Du bist nicht einmal würdig, ein Diener eines buddhistischen Gelehrten zu sein. Gelehrter: Ich kann das nicht verstehen. Feng: Frag mich, und ich werde dir die Antwort geben. Als der Gelehrte eine Verbeugung machen wollte, trat Feng ihn zu Boden. Später kam der buddhistische Gelehrte zu Yün-men und sagte: Ich habe sieben Jahre gebraucht, um die Bedeutung zu erkennen. Men: War es wirklich so? Gelehrter: Ja, in der Tat. Men: Es kann sein, dass weitere sieben Jahre vergehen, bevor es ganz dir gehört.

Es reicht nicht aus, den Sinn des Zen zu erkennen, man muss ihn mit jeder Faser seiner Existenz gründlich verinnerlichen, und dafür sind vierzehn Jahre ständige Anwendung keine zu schwere Aufgabe. In der Tat muss ein Zen-Mönch etwa so lange im Zendo verweilen, bevor er als Zen-Meister voll qualifiziert ist.

Einem Zendo sind in der Regel viele Haushalte angeschlossen, die regelmäßig Reis für den Unterhalt der Einrichtung spenden. Um diese Spenden einzusammeln, werden die Mönche angewiesen, ein Mal im Monat hinauszugehen. Jeder trägt einen Sack auf den Schultern und besucht die Häuser der Spender nacheinander; wenn der Sack mit Reis gefüllt ist, erweist er sich als eine ziemlich schwere Last, besonders wenn er bei Sturm über die schlammige oder kieselige Landstraße zurück zu seinem Kloster gehen muss.

In der Antike gab es einen Mönch, der, so ausgerüstet, einen Hausherrn besuchte. Der Mönch wurde von einem Hund gebissen. Der Hausherr sagte: Wenn ein Drache auch nur ein Stück Stoff über sich anzieht, so heißt es, wird es kein Garuda (Halbgott) mehr wagen, ihn anzugreifen. Du bist in die Mönchskutte gehüllt, und dennoch wurdest du von einem Hund gebissen: Warum ist das so? Es wird nicht erwähnt, welche Antwort der Mönch-Mendikant gab.

Wang, der Hofbeamte, fragte einst einen Mönch: Alle Wesen sind mit der Buddha-Natur ausgestattet: Ist das wirklich so? Mönch: Ja, das ist es. Wang zeigte auf das Bild eines Hundes an der Wand und sagte: Ist auch dieser mit der Buddha-Natur ausgestattet? Der Mönch wusste nicht, was er sagen sollte, daraufhin gab der Beamte die Antwort für ihn: Pass auf, der Hund beißt!

Der Mönch und der Hund sind seit den frühen Tagen der Zen-Geschichte in China auf seltsame Weise miteinander verbunden. Das Koan *Mu!* oder *Wu!*, der eiserne Stier, der allen Zen-Mönchen zum gründlichen Kauen gegeben wurde, ist nichts anderes als die Antwort von Chao-chou auf die Frage: Ist der Hund mit der Buddha-Natur begabt? Sogar auf der Sammeltour wird der Mönch von dem Hund angesprochen (Tafel 8).

Im Herbst gehen die Mönche aufs Land, wenn die Bauern bereit sind, Kürbisse, Daikons (Rettiche), Kartoffeln, Rüben und anderes Gemüse zu ernten. Sie bitten um solche, die von den Bauern als untauglich für den Markt zurückgewiesen werden. Wenn sie genug gesammelt haben, stapeln sie es auf einen Handkarren, den sie bis zum Fuß des Hügels ziehen, auf dem das Kloster liegt. Danach wird die Ladung auf dem Rücken bis zur Küche getragen, dann wird ein Teil für den sofortigen Verzehr vorbereitet, während ein anderer für Essiggurken verwendet oder für den Wintervorrat aufbewahrt wird.

Tafel 7: Takuhatsu (Bettelgang) in den Straßen

Tafel 8: Monatliches Einsammeln des Reises

Tafel 9: Takuhatsu für einen festlichen Anlass

III

Ein Leben der Arbeit

Ein Tag ohne Arbeit ist ein Tag ohne Essen – das ist die wörtliche Wiedergabe der ersten Regel des Klosterlebens. Pai-Chang, der der Gründer der Zendo-Institution war, wurde immer zusammen mit seinen Mönchen bei manueller Arbeit angetroffen. Die Mönche wollten ihn fernhalten, weil sie ihren alten Meister nicht so hart arbeiten sehen wollten wie sie selbst. Aber er beharrte darauf: „Ich habe keine Verdienste angesammelt, die es wert wären, dass ich von anderen bedient werde; wenn ich nicht arbeite, habe ich kein Recht, mein Essen zu nehmen." Sein Arbeitsmotiv entsprang offensichtlich seinem Gefühl der Demut, aber tatsächlich ist die manuelle Arbeit eines der wichtigsten Merkmale des Zen-Lebens. In Indien bettelten die Mönche einfach um ihr Essen und waren nicht geneigt, hart zu arbeiten. Doch in China war das anders. Das Leben bedeutete für die chinesischen Mönche, körperliche Arbeit zu verrichten, Hände und Füße zu bewegen, mit Werkzeugen umzugehen, um ein sichtbares und greifbares Ziel zu erreichen. Diese praktische Veranlagung des chinesischen Geistes bewahrte den Buddhismus davor, in einen Zustand der Lethargie und ein Leben der bloßen Kontemplation zu versinken, wie wir dies im Leben des Zen-Klosters nachdrücklich bestätigt sehen.

Wie hoch und hochfliegend unsere Gedanken auch sein mögen, wir sind fest an die Erde gebunden; es gibt keine Möglichkeit, dieser physischen Existenz zu entkommen. Welche Gedanken wir auch haben mögen, sie müssen auf jeden Fall mit unserem Körper verbunden sein, wenn sie die Macht haben sollen, das Leben in irgendeiner Weise zu beeinflussen. Der Zen-Mönch soll höchst abstrakte metaphysische Probleme lösen, und dazu widmet er sich der Meditation. Aber solange diese Meditation mit Abstraktionen identifiziert bleibt, wird es keine praktische Lösung der Probleme geben. Der Yogin mag denken, dass er diese Bedeutung klar erkannt hat. Aber wenn diese Erkenntnis nicht über die Stunden der Meditation hinausgeht, d. h. wenn sie nicht tatsächlich in die Praxis umgesetzt wird, dann ist sie nicht zu verstehen.

Wenn ein Zen-Mönch in seinem täglichen Leben nichts unternimmt, ist die Lösung nur ideell, sie trägt keine Früchte und stirbt daher bald ab. Die Zen-Meister waren daher immer bestrebt, ihre Mönche auf dem Bauernhof, im Wald oder in den Bergen hart arbeiten zu sehen. (Tafeln10, 11, 12) Tatsächlich führten sie selbst die Arbeitsgruppe an, indem sie den Spaten, die Schere oder die Axt in die Hand nahmen, Wasser trugen oder den Wagen zogen.

Hier war auch ein demokratischer Geist in Aktion. Der Begriff *pu-ching* bedeutet, dass jedes Mitglied der Bruderschaft auf dem Feld ist. Es werden keine

Unterschiede gemacht, es gibt keine Ausnahmen, denn sowohl die hohen als auch die niedrigen in der Hierarchie sind mit der gleichen Art von Arbeit beschäftigt. Natürlich gibt es eine Arbeitsteilung, aber keinen sozialen Klassengedanken, der dem allgemeinen Wohl der Gemeinschaft abträglich wäre.

Die Geschichte des Zen ist voll von Anspielungen auf den Meister, der sich inmitten einer körperlichen Arbeit befindet, als ein Mönch kommt und ihm eine Frage stellt.

Ein Mönch erwischte Chao-chou beim Fegen, als er diese Frage stellte: Du bist ein großer Zen-Meister, der frei vom Staub böser Gedanken ist, warum fegst du dann so eifrig? – Der Staub kommt von außen! kam schnell die Antwort vom Meister.

Chao-chou war einst Hüter des Feuers in einem bestimmten Kloster. Als er eines Tages das Tor schloss, machte er ein Feuer und füllte das Haus mit Rauch. Er rief immer wieder laut: Feuer! Feuer! Die ganze Bruderschaft war in heller Aufregung und eilte zum Tor, das sie verschlossen vorfanden, und es gab keine Möglichkeit, hineinzukommen. Chao-chou sagte: Wenn ihr ein Wort sagen könnt, wird das Tor geöffnet werden. Die Mönche waren verblüfft und sprachen kein einziges Wort mehr. Nan-chüan, der sich in der Menge befand, nahm jedoch den Schlüssel heraus und reichte ihn Chao-chou durch das Fenster. Mit ihm öffnete Chao-chou das Tor.

Chih-chang ging eines Tages auf den Bauernhof des Klosters, um Gemüse zu ernten. Er zog einen Kreis um einige Kräuter und bat die Mönche, sie nicht zu stören. Die Mönche achteten darauf, sie nicht zu berühren. Nach einer Weile kam der Meister wieder auf den Hof, und als er die Kräuter unberührt sah, jagte er alle Mönche mit einem Stock und rief: Oh, diese Gesellschaft von Narren! Nicht einer von ihnen hat genug Verstand!

Hsüeh-feng fragte einst Chang-ching, der den Meister in seinem Zimmer aufsuchte: Was ist das? Chang sagte: Schönes Wetter, genau der richtige Tag für die allgemeine Arbeit im Freien *(pu-ching).*

Yüeh-shan sah eines Tages den Mönchsgärtner beim Pflanzen von Gemüse und sagte zu ihm: „Sehr gut, wie du pflanzt, aber lass die Wurzeln nicht wachsen. Der Mönch protestierte: Wenn die Wurzeln nicht wachsen, was hat dann unsere Bruderschaft zu essen? – Hast du einen Mund zum Essen? fragte der Meister. Vom Gärtner kam keine Antwort.

Als Yün aus Shih-men als Hauptgärtner im Ching-lin arbeitete, fragte Meister Lin: Was wirst du heute tun? Yün: Ich werde Gemüse anbauen. Lin: Der Buddha-Körper füllt das ganze Universum aus, wo findet man ein Fleckchen Erde, um seine Samen zu pflanzen? Yün: Kaum ist der goldene Spaten in Bewegung, beginnen die heiligen Pflanzen überall zu wachsen. Am nächsten Tag kam Lin auf den Hof und rief nach Yün, dem Gärtner. Dieser antwortete: Ja, Meister. Lin schlug vor: Lasst uns einen schattenlosen Baum pflanzen, um der Nachwelt zu helfen. Yün: Wenn es ein schattenloses Exemplar ist, wird es unsere Anpflanzung nicht ertragen. Lin: Wir wollen nicht darüber reden, ob unsere Plantage darunter leidet oder nicht; hast du jemals seine Äste, seine Blätter gesehen? Yün: Nein, noch nie! Lin: Wenn du sie noch nie gesehen hast, wie kannst du dann wissen, ob unsere Plantage nicht darunter leiden wird? Yün: Nur weil ich sie noch nie gesehen habe, sage ich, dass sie unserer Plantage nicht schaden werden. Lin: Ja, so ist es, so ist es.

Als Hsüeh-feng sich in Tung-shan aufhielt, trug er ein Bündel Kindlinge, das er vor Shan ablegte. Shan fragte: Wie schwer ist es? Feng: Selbst wenn alle Menschen auf der Welt versuchen, sie zu heben, können sie es nicht. Shan: Wie ist es dann so weit gekommen?

Chang aus Hsi-shan war früher der oberste Holzhacker im Tou-tzu-shan und kam später zu Hsüeh-feng. Feng fragte: Bist du nicht Chang, der Holzfäller? Chang hob sofort seine Arme und schwang sie, als ob er mit einer Axt Holz hacken würde. Feng nickte mit dem Kopf.

Chen aus Ti-tsang wurde eines Tages bei der Arbeit auf dem Reisfeld angetroffen. Als er einen Novizenmönch kommen sah, fragte er: Woher kommst du? Mönch: Aus dem Süden. Chen: Wie steht es um den Buddhismus im Süden? Mönch: Die Diskussionen über die spirituellen Themen gehen gut voran. Chen: Bei all ihren Diskussionen über Zen gibt es nichts, was mit dem Bestellen des Feldes, dem Ernten und dem Essen von gekochtem Reis vergleichbar wäre. Mönch: Was ist mit der dreifachen Welt? Chen: Was meinst du mit der dreifachen Welt? Der Mönch wusste nicht, was er sagen sollte.

Als Mi aus Shen-shan mit Tung-shan im Teegarten arbeitete, ließ Tung seine Hacke fallen und sagte: Ich bin völlig erschöpft, ich habe keine Kraft mehr. Mi: Wenn es keine Energie mehr gäbe, wie könntest du das überhaupt sagen? Tung: Du dachtest, es gäbe einen mit genügend Energie, nicht wahr? – Mi hat ihn nicht weiter verfolgt.

Sheng von Yün-yen hackte gerade auf dem Ingwerfeld, als Tao-wu zu ihm kam und fragte: Du hackst nur den einen, aber kannst du auch den anderen hacken? Sheng erwiderte: Bring mir den anderen.

Wie wir aus diesen Zen-Dialogen ersehen können, waren sowohl die Meister wie auch die Mönche gleichermaßen mit allen Arten von Handarbeiten beschäftigt, die in ihrem Klosterleben erforderlich waren. Nichts wurde als gemein und unter ihrer Würde angesehen, denn sie waren sich des tiefen Sinns in allem, was sie taten, vollkommen bewusst, ob mit ihren Händen oder mit ihrem Geist. In ihrem Denken und Fühlen gab es keine dualistische Unterscheidung. Sonst hätten all diese Dialoge nicht stattfinden können, während sie auf dem Feld oder in den Klostergebäuden arbeiteten. Die Dialoge oder Diskussionen waren auf das Engste mit dem Leben selbst verbunden. Jedes Pulsieren des Herzens, das Heben der Hände und Füße – all das rief Überlegungen von höchstem Ernst hervor. Denn nur so kann man Zen studieren und leben. Nichts kann jemals wirklich gelernt werden, bevor es nicht durch die Nerven und Muskeln wirkt. Pai-chang war ein großer Zen-Meister, der einen wunderbaren Einblick in die Funktionsweise der menschlichen Psychologie hatte. Ohne ihn hätte es das Zen, wie wir es kennen, vielleicht nie gegeben. In dieser Hinsicht haben wir dem chinesischen Genie viel zu verdanken.

Die Mönche sind nicht immer hart schuftende Landwirte und Arbeiter; sie haben oft noch freie Energie für sportliche Aktivitäten. Wenn sie von der täglichen Routinearbeit befreit sind, unterhalten sie sich mit der Planung von Ringkämpfen, eine der großen Nationalsportarten Japans. (Tafel 13) Es versteht sich von selbst, dass dabei der Grundsatz des Fair Play peinlichst genau eingehalten wird.

Tafel 10: Holzsammeln

Tafel 11: Saubermachen

Tafel 12: Gartenarbeiten

Tafel 13: Ringen

IV

Ein Leben des Dienstes

Die Leitung des Zendo-Lebens liegt in den Händen der führenden Mitglieder der Bruderschaft. Ihre Ämter sind im Allgemeinen: Tenzo-ryo, das sich um die Lebensmittelvorräte kümmert und sie für die Mönche zubereitet: Densu-ryo, das sich um alle Angelegenheiten kümmert, die mit dem Buddha-Schrein zusammenhängen; Shika-ryo, das eine Art allgemeines Leitungsbüro ist; Fusu-ryo, das die Buchhaltung führt; Yinji-ryo, das sich um den als Roshi bekannten Meister kümmert; Jisha-ryo, das sich um den heiligen Mönch und den Zendo kümmert usw. Im Allgemeinen wechseln die Ämter zwei Mal im Jahr.

1

Als Koch im Zendo zu dienen, bedeutet, dass der Mönch ein gewisses Verständnis für Zen erlangt hat, denn es ist eine der höchst ehrenvollen Positionen im Kloster, die nur von einem derjenigen ausgeübt werden darf, die einige Jahre hier verbracht haben. Die Arbeit ist ziemlich lästig und außerdem eine Art unsichtbarer Dienst, der von oberflächlichen Beobachtern nicht sehr beachtet wird. (Tafel 14) Gerade deshalb bietet die Tätigkeit als Koch im Kloster den Mönchen eine gute Gelegenheit, Verdienste anzusammeln, die sowohl für die eigene Erlangung von *sarvajnata* (Bewusstheit aller Dinge) als auch für dessen allgemeine Verwirklichung verwendet werden. Die Bedeutung des Dienens besteht darin, die zugewiesene Arbeit ohne Widerwillen und ohne Gedanken an eine persönliche Belohnung, sei sie materiell oder moralisch, zu verrichten. Der einzige Wunsch, den der Arbeiter bei der Ausführung seines Dienstes hegt, ist, seinen Verdienst dem allgemeinen Schatzhaus der Allwissenheit *(sarvajnata)* zuzuführen.

Das Hauptproblem des Kochs wird dann darin bestehen, die ihm zur Verfügung gestellten Lebensmittel so gut wie möglich für die Gesunderhaltung der Mitglieder der Bruderschaft zu nutzen. Natürlich gibt es in der Speisekammer des Zendo nichts, was den Sinn eines Feinschmeckers anspricht, aber das Kochen kann in hohem Maße durch eine vernünftige Verwendung von Shoyu (Sojasoße) oder Miso verbessert werden. Die Hochwohlgeborenen neigen im Allgemeinen dazu, diese Art von Arbeit als unter ihrer Würde zu verachten, was immer der Begriff auch bedeuten mag. Aber bei den Mönchen gibt es nichts Niedriges oder Hohes in ihrer Arbeit. Wenn sie die Möglichkeit haben, anderen auf irgendeine Weise Gutes zu tun, sollten sie bereit sein, sie zu nutzen und die ihnen zugewiesene Arbeit nach besten Kräften zu erledigen. Die Ausbildung im Zendo dient nicht nur der Entwicklung der inneren psychischen Kräfte eines Menschen, sondern auch der Entwicklung seines moralischen Charakters als soziales Wesen.

Kai aus Ching-yin war Koch im Tou-tzu. Der Meister vom Tou-tzu sagte: Es ist keine leichte Aufgabe, so als Koch zu arbeiten. Kai: Das ist sehr freundlich von Ihnen. Meister: Ist es dein Amt, Haferschleim zu kochen oder Reis zu dämpfen? Kai: Der eine Helfer spült den Reis und macht das Feuer an, der andere kocht Haferschleim und dämpft den Reis. Meister: Was ist dann deine Arbeit? Kai: Dank deiner Freundlichkeit habe ich nichts anderes zu tun, als meine Zeit zu vertrödeln.

Hatte Kai wirklich keine Arbeit als Koch zu erledigen? Vertrieb er sich nur die Zeit mit Nichtstun? Wie konnte er dann als Koch eingeteilt werden? Im Leben des Zendo liegen überall tiefe Probleme, die es zu lösen gilt, und der Meister ist stets bereit, sie aufzugreifen und die Mönche dazu zu bringen, sich ihnen zu stellen.

Einer der Grundsätze, die das Leben im Zendo bestimmen, ist, wie bereits an anderer Stelle erwähnt, die Vermeidung von Verschwendung. Dies gilt mit besonderem Nachdruck für die Küche, wo das Gemüse oder die Reis- und Gerstenkörner immer dazu neigen, gedankenlos weggeworfen zu werden.

Chu, der als Hüter des Kornspeichers im Kuei-shan arbeitete, wurde eines Tages dabei ertappt, wie er Reis durch ein Sieb schüttete, als der Meister des Klosters erschien und sagte: Verstreu die Körner nicht, denn sie stammen von unseren gutherzigen

Spendern. Chu: Nein, Meister, ich werde sie nicht verstreuen. Der Meister sah sich um, hob ein Reiskorn vom Boden auf und sagte: Du sagst, dass du sie nicht verstreust; wenn das so ist, woher kommt dann dieses Korn? Chu schwieg. Der Meister fuhr fort: Hüte dich davor, geringschätzig über dieses eine Reiskorn zu denken, denn Hunderttausende von Körnern kommen alle aus ihm heraus. Chu: Darf ich fragen, woher dieses eine Korn kommt? Der Meister gab darauf keine besondere Antwort, sondern ging herzhaft lachend in sein Quartier zurück. Am Abend kam er in die Halle und sagte: Oh, ihr Mönche, in unserem Reis ist ein Wurm.

2

Essen ist eine feierliche Angelegenheit im Leben des Zendo, obwohl es nicht viel zu essen gibt. Die beste Mahlzeit, die *saiza* oder *otoki* genannt wird und etwa um zehn Uhr morgens stattfindet, besteht aus mit Gerste vermischtem Reis, Miso-Suppe und Essiggurken. Das Frühstück besteht aus Haferschleim und Essiggurken, während das Abendessen aus den Resten der *saiza* gemacht wird. Genau genommen sollen die Zen-Mönche nur zwei Mal am Tag essen, so wie es Buddha in Indien vorgemacht hat. Die Abendmahlzeit wird daher *yaku-seki*, medizinische Nahrung, genannt. Die Lebensweise soll an die klimatischen Bedingungen angepasst werden.

Wenn sie alle sitzen, wird das *Prajnaparamitahridayasutra (Shingyo)* rezitiert und die zehn Buddha-Namen werden angerufen: Vairochana Buddha als der reine und unbefleckte Dharmakaya; Lochana Buddha als der vollendete Sambhogakaya; Sakyamuni Buddha als einer der unzähligen Nirmanakayas; Maitreya Buddha, der in der kommenden Zeit unter uns herabsteigen wird; alle Buddhas der Vergangenheit, der Gegenwart und der Zukunft, in allen zehn Bezirken; Manjusri, der Bodhisattva der Großen Weisheit; Samantabhadra, der Bodhisattva der Großen Tat; Avalokitesvara, der Bodhisattva der Großen Liebe; alle ehrwürdigen Bodhisattva-Mahasattvas; und *Maha Prajnaparamita* (Große Vollkommene Weisheit). Danach werden, wenn es Frühstück ist, die Tugenden von Reisschleim aufgezählt. Wenn es sich um ein Abendessen handelt, wird ein Gebet gesprochen, dass die Mahlzeit von allen fühlenden Wesen, einschließlich der Bewohner der spirituellen Welten, gleichermaßen geteilt werden möge. Dann werden die fünf Themen der Meditation wiederholt: (1) Verdienen wir diese Opfergabe wirklich? (2) Wir werden ernsthaft dazu gebracht, über unsere eigenen Tugenden nachzudenken. (3) Das Ziel ist, uns von der Schuld der Gier und anderen Fehlern zu befreien. (4) Die Mahlzeit soll als Medizin eingenommen werden, um den Körper gesund und stark zu halten. (5) Wir nehmen diese Mahlzeit an, um uns selbst zu einem geeigneten Gefäß für die Wahrheit zu machen. Auf die fünf Meditationen folgen diese Gelübde: Der erste Bissen dient dazu, alle Übel zu vernichten; der zweite Bissen dient dazu, alle guten Taten zu praktizieren; der dritte Bissen dient dazu, alle Wesen zu befreien, damit wir schließlich alle die Buddhaschaft erlangen. (Tafel 15)

Während des Essens wird kein Wort gesprochen, alles geht schweigend und in geordneter Reihenfolge vor sich. Die Kellner sind selbst Mönche, die an der Reihe sind. Wenn sie fertig sind, klopft der Obermönch auf die Holzblöcke.

Die Schalen werden in aller Ruhe am Tisch gewaschen, abgewischt und in einem Tuch aufbewahrt, das jeder Mönch bei sich trägt. Währenddessen werden einige Verse rezitiert. Wenn die Handglocke angeschlagen wird, stehen alle Gäste auf und gehen in perfekter Ordnung zurück in ihre Halle.

3

Wenn ein Mönch krank ist und das Leben im Zendo nicht aushält, wird er in einen separaten Raum gebracht, der *Enjudo* (lebensverlängernder Raum) genannt wird, wo er von einem Mitmönch gepflegt wird. Auf diese Weise beginnt der junge Novize zu lernen, wie er seinen Mitbrüdern dienen kann. (Tafel 16) In schwereren Fällen wird der Patient natürlich in ein Krankenhaus gebracht, wo er mit der nötigen Sorgfalt gepflegt wird.

Selbst wenn er krank ist, darf der Mönch sich nicht von den spirituellen Anstrengungen befreien; er muss immer an die Meister denken und ihre Art und Weise, mit dem Problem umzugehen, dem Problem der menschlichen Übel, die uns in vielfältiger Form ärgerlich zusetzen.

Warum war Vimalakirti krank? Auf die Frage von Manjusri antwortete er: Er war krank wegen aller Wesen, die ständig unter Unwissenheit, Ärger und Leidenschaft leiden. Aber laut dem *Prajnaparamita* soll sich der Bodhisattva nicht über Krankheit ängstigen, weil es so etwas wie Krankheit im Reich von *sarvajnata* nicht gibt. Warum ist das so? Schauen wir uns an, wie die alten Zen-Meister mit diesem Problem umgegangen sind.

Der bekannteste Fall in der Geschichte des Zen ist der von Ma-tsu (Baso), dem großen Lehrer des Zen. Als er krank war, fragte ihn der Wächter des Tempels: Wie fühlst du dich in diesen Tagen? Er antwortete: Sonnengesichtiger Buddha! Mondgesichtiger Buddha!

Yün-men fragte einen Mönch: Was ist jetzt dein Beruf? Mönch: Ich pflege die Kranken. Meister: Weißt du, dass es jemanden gibt, der nie krank wird? Mönch: Das verstehe ich nicht. Meister: Ob du nun Ja oder Nein sagst, es ist immer das gleiche ‚Ich verstehe es nicht'. Der Mönch war still. Meister: Frage nun mich. Mönch: Wer ist es, der nie krank wird? Der Meister zeigte auf einen Mönch, der zufällig in seiner Nähe war.

Shun war einige Zeit nicht in Form und gab seinen Mönchen Folgendes mit auf den Weg: Von Krankheit geplagt, war ich nicht in der Lage, meinen Kopf vom hölzernen Kopfkissen zu heben. Die Besucher sind vielfältig und fragen, wie es mir geht. Auf Anfragen unterschiedlicher Art und Form habe ich meine Antworten gegeben, während die Nachtigall vor meinem Fenster noch eifriger ihr Loblied auf den Frühling plappert. Wer von euch in der Lage ist, die Ursache meiner Krankheit zu ergründen, möge vortreten und mir zeigen, wo in diesem Körper von sieben *chih* Länge (ca. 175 cm) mein Leiden liegt.

Die Mönche versuchten, die Frage zu beantworten, aber sie fanden keine befriedigende Antwort. Daraufhin gab der Meister selbst diese Antwort: Er strich über seine Handfläche und öffnete den Mund, als ob er sich erbrechen wollte. Eine andere Antwort von ihm war: Was für ein schönes Kissen das ist!

Hsin aus Huang-lung bemerkte eines Tages, dass sein Obermönch mit einer Erkältung darniederlag. Er schickte seinen Diener mit dieser Frage in sein Krankenzimmer: Ist deine Erkältung von innen oder von außen gekommen? Wenn sie von außen gekommen ist, hast du keine Schmerzen im Inneren; wenn sie aus dir selbst gekommen ist, bist du äußerlich nirgends verletzt. Woher kommt sie dann überhaupt? Die Antwort des kranken Mönchs war: Der Mönch findet sein Nachtlager im Kloster; der Räuber bricht nicht ins Haus des armen Mannes ein. Hsin aber weigerte sich, dies zu billigen, und gab seine eigene Antwort: Seht, wie es aus der Nase fließt! Oder: Der Kopf schmerzt und die Augen sind wässrig.

4

Bestimmte Termine werden zum Waschen verschmutzter Kleidung, zum Flicken von Unterwäsche und zur Heilung des schmerzenden Körpers durch Moxa-Verbrennung genutzt. Letzteres ist eine der alten orientalischen Methoden zur Heilung des müden Körpers. Nach harter Arbeit auf dem Bauernhof, nach einem Spaziergang zu den entfernten Dörfern, um Reis zu erbetteln, oder nach langem Sitzen im Lotussitz auf dem Kissen, um über ein Koan zu meditieren, hat der Mönch mit Sicherheit Schmerzen im ganzen Körper, vielleicht besonders in den Beinen.

In solchen Fällen wird das Verbrennen des Moxa-Krauts an bestimmten Stellen des Körpers als sehr wirksam angesehen, um den Schmerz oder die Belastung zu heilen. Die Verätzung der Haut scheint auf eine unbekannte Weise die gleichmäßige Zirkulation des Blutes zu fördern. Die Auswahl der Stellen, an denen die Behandlung am wirksamsten ist, bleibt den Experten überlassen. Aber einige der Stellen sind uns allgemein bekannt, und der Mönch ist darin recht geschickt. (Tafel 17)

Da der Mönch seine eigene Kleidung wäscht und flickt, wird er nach ein oder zwei Jahren Aufenthalt im Zendo ein großer Experte darin. Er weiß auch, wie man sich den Kopf rasiert, obwohl ihm dabei im Allgemeinen seine Freunde helfen werden. Aber seit der Einführung des Sicherheitsrasierers hat sich die Kunst des Rasierens stark vereinfacht. (Tafel 18)

Die Bruderschaft ist eine Gemeinschaft von Männern, die ein gemeinsames Ziel verfolgen, und der Geist der gegenseitigen Hilfe und des Dienstes ist in ihrem Leben überall spürbar. Wie bereits erwähnt, ist auch die Demokratie eines der Prinzipien, die diese soziale Einrichtung leiten. Jeder Mönch bemüht sich daher einerseits, den anderen um seiner selbst willen so wenig wie möglich zu schaden, während er sein Möglichstes tut, um dem allgemeinen Wohl der Gemeinschaft so viel wie möglich zu dienen. Dies wird in der Fachsprache als Anhäufung von Verdiensten bezeichnet. Es ist natürlich, dass diejenigen, die das Zendo-Leben erfolgreich absolviert haben, zu den am besten ausgebildeten und am gründlichsten ausgestatteten Mitgliedern der Gesellschaft gehören.

Dienen heißt nicht immer, etwas für andere zu tun. Wenn es mit dem Gedanken an eine Belohnung oder ohne den Sinn für Dankbarkeit und Demut geschieht, ist es überhaupt kein Dienen, sondern eine Tat des gemeinen Kommerzes. Der Zen-Mönch sollte darüber stehen. Ein Leben des Dienens ist eng mit dem der Demut und Dankbarkeit verbunden.

Im Umgang mit den natürlichen und künstlichen Materialien, die zum gemeinsamen Besitz der Bruderschaft gehören, werden die Mönche gelehrt, peinlich genau darauf zu achten, sie nicht zu verschwenden oder zu missbrauchen. Wasser ist in diesem Teil des Landes überall verfügbar, sie sind jedoch streng angewiesen, es nicht zu großzügig, d. h. über das absolut Notwendige hinaus, zu verwenden. Einem Mönch, der einen Zen-Meister begleitete, wurde eines Tages gesagt, er solle das Wasser im Waschbecken wechseln, da es zu lange darin gestanden habe. Der Diener schüttete es achtlos auf den Boden. Der Meister war entrüstet und sagte: Weißt du nicht, wie man es sinnvoll einsetzt? Der Mönch gestand seine Unwissenheit, woraufhin der Meister ihm riet, das Wasser um die Wurzel eines Baumes zu gießen, der offensichtlich Feuchtigkeit benötigte. (Tafel 19)

Ich habe von Nützlichkeit gesprochen, aber die korrekte Wiedergabe ist „lebendig“, und darin liegt eine dem Zen eigene Note. Eine Sache lebendig und nicht tot zu nutzen, bedeutet, ökonomisch gesprochen, ihre Effizienz in Anbetracht der Umstände so weit wie möglich zu entwickeln. Doch der Zen-Standpunkt ist nicht, die Sache ökonomisch oder dynamisch zu betrachten, sondern, wenn ich so sagen darf, lebendig oder schöpferisch.

Verdienst, Tugend, Nutzen, Dienst und andere Begriffe, die zu dieser Kategorie gehören, sind konventionell religiös. Die Art und Weise, wie Zen mit den so genannten Wahrheiten umgeht, ist erfreulich frisch und anregend; gleichzeitig gibt es eine gewisse ehrfürchtige Haltung gegenüber der Natur und ihren Ressourcen. In diesem Maschinenzeitalter habe ich den starken Wunsch, dass dieses Gefühl der Ehrfurcht vor der Natur wiederhergestellt wird und auch der lebendige Gebrauch der Dinge im Allgemeinen von uns mehr geschätzt wird.

Diese Haltung der Ehrfurcht vor der Natur bildet zusammen mit der Idee, dass ein Mensch seine Mahlzeit nicht essen sollte, wenn er nicht etwas für die Gemeinschaft, zu der er gehört, geleistet hat, die Grundlage des Zendo-Lebens. Während der Geist des Mönchs intensiv mit dem Lösen des Koan beschäftigt ist, was mehr oder weniger zwangsläufig auf der intellektuellen Ebene geschieht, ist er geneigt, dem sozialen und praktischen Aspekt seines Lebens nicht so viel Aufmerksamkeit zu schenken. Die Lehre von der Leere *(sunyata)* neigt, wie wir an anderer Stelle gesehen haben, dazu, das Denken des Buddhisten von der Welt der Einzelheiten abzulenken, obwohl das bei denjenigen, die die Lehre begriffen haben, nie der Fall ist. Die beiden Flügel des buddhistischen Lebens müssen also in ihrer Kraft und Aktivität in einem ausgewogenen Verhältnis zueinander stehen, da der Mönch diese Seite seines Lebens als guter Schüler des Zen entwickeln soll.

Das moderne Leben scheint sich immer weiter von der Natur zu entfernen, und in engem Zusammenhang damit scheinen wir das Gefühl der Ehrfurcht vor der Natur zu verlieren. Das ist wohl unvermeidlich, wenn Wissenschaft und Maschinerie, Kapitalismus und Materialismus Hand in Hand gehen – und zwar auf bemerkenswert erfolgreiche Weise. Die Mystik, die das Leben der Religion, in welchem Sinne auch immer wir sie verstehen, ausmacht, ist völlig in den Hintergrund getreten.

Ohne ein gewisses Maß an Mystik gibt es keine Wertschätzung für das Gefühl der Ehrfurcht und damit auch für die geistige Bedeutung der Demut. Die Wissenschaft und die wissenschaftliche Technik haben viel für die Menschheit getan, aber was unser eigentliches geistiges Wohlergehen betrifft, haben wir keine Fortschritte gegenüber dem gemacht, was unsere Vorväter erreicht haben. In der Tat leiden wir gegenwärtig unter der schlimmsten Art von Unruhe auf der ganzen Welt. Die Frage ist also, wie wir zur Wertschätzung des Unbegreiflichen *(acintya)* zurückfinden können. Dies ist zweifelsohne das schwerwiegendste und grundlegendste aller Probleme, die die Menschen der heutigen Zeit bedrängen.

Um zum Zen zurückzukehren – als Ying vom Tingshan seinen Hauptmönch beim Waschen seiner

Kleidung sah, fragte er ihn: Was tust du da? Der Mönch hielt die Kleider hoch. Der Meister sagte: Was sind das für Kleider, die du da wäschst? Der Mönch antwortete: Ich habe etwas Geld dafür ausgegeben, als ich in Fu-chou war. Der Meister befahl dem Aufseher des Klosters, diesen Mönch in seinem Rang herabzustufen.

Im Zendo-Leben kann ein Mönch nicht einmal seine eigene Wäsche achtlos waschen!

Shi aus Yang-shan wusch gerade sein Gewand, als Tan-yüan vorbeikam und fragte: Wo sind deine Gedanken in genau diesem Augenblick? Shi erwiderte sogleich: Welchen Gedanken soll ich in diesem Augenblick haben?

5

Im Mahayana-Buddhismus werden verschiedene Heilige verehrt. Im Baderaum befindet sich ein Schrein, der einem Bodhisattva namens Bhadrapala gewidmet ist, dem die Mönche vor dem Bad ihre Ehrerbietung erweisen. (Tafel 20) In der Antike heißt es, dass dieser Bodhisattva sein *Satori* (Erwachen) hatte, als er im Begriff war zu baden, und dass der Buddha ihm diese Bescheinigung gab: Das geheimnisvolle Gefühl der Berührung, das du jetzt auf erhellende Weise bezeugt hast, berechtigt dich zur Stufe der Bodhisattva-Gemeinschaft. Dies ist einer der hundert Fälle, die von Hsüeh-tou in seinem *Pi-*

yen Chi (Hekiganshu) kommentiert werden. Sein Kommentar in Versen lautet, frei übersetzt:

„Endlich ist hier jemand, der erfolgreich den Zustand der Leere erreicht hat. Er streckt seine Beine in voller Länge aus und kann nun friedlich auf seinem großen Bett schlafen: Aber wenn du sagst, dass er etwas verstanden hat, das als vollkommen durchgängig zu unterscheiden sei, dann erkläre ich dich zu einem Träumer; wie sehr du auch mit parfümiertem Wasser gewaschen wirst, dein Gesicht bleibt für immer besudelt, solange dein Geist nicht frei von Unterscheidungen ist."

Die Mönche werden also aufgefordert, bei ihrer täglichen Arbeit den ganzen Schmutz des Konzeptualismus abzuwaschen. Man kann sich fragen, woher dieser Schmutz kommt, wenn uns die Mahayanisten die ganze Zeit sagen, dass wir von Anfang an vollkommen rein sind und es nirgendwo in uns Verunreinigungen gibt? Warum dann dieses ständige Baden? Ein Meister gibt diese Antwort: Sogar die Idee der Sauberkeit muss beseitigt werden. Ein anderer Meister: Nur ein Bad, und kein Warum.

Die folgende Episode ist von einer anderen Tendenz. Nan-chüan kam zufällig am Bad vorbei, sah den Mönch, der sich um das Bad kümmerte, und sagte zu ihm: Was machst du da? Mönch: Ich erhitze das Badewasser. Chüan: Vergiss nicht, dem Stier ein Bad zu geben, wenn er fertig ist. Der Mönch sagte:

Nein, Meister. Gegen Abend kam er zum Quartier des Abtes. Chüan fragte: Was machst du denn hier? Mönch: Ich will den Stier holen und ihn baden. Chüan: Hast du eine Leine? Der Mönch antwortete nicht. Als Chao-chou den Nan-chüan aufsuchte, erzählte dieser von dem Vorfall. Chao-chou sagte: Ich weiß, was ich zu antworten habe, worauf Nan-chüan wiederholte: Hast du eine Leine? Chao-chou trat vor, ergriff sofort Chüans Nase und zog kräftig daran. Chüan sagte: Das ist ganz richtig, aber wie grob du bist!

Um eine weitere Episode im Zusammenhang mit dem Baden zu erzählen. Tsan von Ku-ling kehrte nach einiger Zeit der Zen-Wanderschaft in seinen eigenen Tempel zurück, wo er ordiniert wurde. Während er ein Bad nahm, forderte sein alter Meister ihn auf, ihm den Rücken zu schrubben. Tsan streichelte sanft den Rücken seines alten Meisters, der noch keine Kenntnis vom Zen hatte, und sagte: Was für eine schöne Buddha-Halle! Leider hier wird kein Buddha verehrt. Der Meister war über diese Bemerkung verärgert und sagte: Oh, du Verrückter, wie kannst du nur so unhöflich sein? Tsan machte eine weitere Bemerkung: Auch wenn hier kein Buddha verehrt wird, so weiß er doch, wie er seine Strahlen aussendet.

Die Mönche sind abwechselnd Bademeister, deren Aufgabe es ist, den Rücken des Badenden zu schrubben. Da es schwierig ist, den Rücken selbst gründlich zu waschen, sind die Badehäuser in Japan in der Regel mit Rückenwäschern ausgestattet, die für ein Trinkgeld bereit sind, Gästen zu dienen.

Wenn ein Mönch von seinen Brüdern in dieser Eigenschaft unterstützt wird, faltet er seine Hände vor ihm, um seine Dankbarkeit für den Dienst zum Ausdruck zu bringen.

Wie in der diesem Buch beigefügten Badeordnung nachzulesen ist, werden zum Erhitzen des Badewassers das in den Klosterhöfen gesammelte Laub und andere Abfälle verwendet.

6
Die linke Hand nicht wissen lassen, was die rechte tut – das ist im Zendo-Leben bekannt als das Praktizieren der geheimen Tugend. Es ist auch der Geist des Dienens. Geheime Tugend ist die Tat, die um ihrer selbst willen getan wird, ohne nach irgendeiner Form der Entschädigung zu suchen, weder im Himmel noch auf Erden. Das Problem unseres gesellschaftlichen Lebens ist, dass wir immer nach einer Belohnung suchen, und zwar häufig nach einer Belohnung, die in keinem Verhältnis zum Verdienst der Tat selbst steht. Wenn das nicht der Fall ist, sind wir unzufrieden, und diese Unzufriedenheit verursacht alle möglichen Probleme in unserem täglichen Leben.

Das menschliche Leben wird nicht immer von wirtschaftlichen Prinzipien bestimmt: Es gibt noch etwas anderes, und der Frieden und das Glück, das wir alle suchen, werden nur dann erreicht, wenn dieses Zusätzliche verstanden wird. Es ist sehr bedauerlich, dass unser modernes Leben sich systematisch von diesem Gedanken entfernt, ja sogar bewusst versucht, die innere Stimme zu ersticken.

Die buddhistischen Lehrer drängen daher ernsthaft darauf, dass wir die Lehre von *sunyata* nicht nur philosophisch, sondern auch auf die praktischste Weise begreifen. Wenn dies nicht geschieht, wird die Praxis der geheimen Tugend etwas Künstliches und damit Heuchlerisches sein.

Wie ist diese Lehre zu verstehen? Ying-an Tanhua hält die folgende Predigt: Zen-Schüler sollten auf jeden Fall falsche Anwendungen des Geistes vermeiden. Erleuchtung zu erlangen oder die eigene innere Natur zu erkennen – das ist eine falsche Anwendung. Buddhaschaft zu erlangen oder ein Meister zu werden, ist eine falsche Anwendung des Geistes, die Sutras zu rezitieren oder über die Philosophie zu sprechen, ist eine falsche Anwendung des Geistes; zu gehen, zu verweilen, zu sitzen und zu liegen, ist eine falsche Anwendung des Geistes; das Anziehen der Kleidung und das Einnehmen der Mahlzeiten ist eine falsche Anwendung des Geistes; den Rufen der Natur zu folgen ist eine falsche Anwendung des Geistes; tatsächlich ist jede Bewegung, die du machst, ob du dich in diese oder jene Richtung drehst, ob du auf dieser oder jener Seite gehst, all das ist eine falsche Anwendung des Geistes. Kuei-tsung hat dir nie einen Vortrag über den Dharma gehalten. Und warum? Weil, wenn ein Wort durch das Tor des Regierungsbüros eindringt, selbst neun Stiere nicht in der Lage sind, es herauszubekommen.

Welche Bedeutung hat ein solcher Diskurs letztlich? Vom Standpunkt des so genannten gesunden Menschenverstandes aus betrachtet, sieht er wie blanker Unsinn aus. Wenn wir, der wörtlichen Bedeutung der Predigt folgend, versuchen, falsche Anwendungen des Geistes zu vermeiden, wo landen wir dann? Ist dieses Bemühen, dem Meister zu folgen, nicht auch eine falsche Anwendung des Geistes? Offensichtlich lehrt er uns, keinen Gedanken zu erwecken, sondern einen Zustand der *acittata, des* Nicht-Geistes, zu verwirklichen; aber auch das ist eine falsche Geisteshaltung.

Ein Mönch fragte Yün-men: Ist es ein Fehler, wenn kein einziger Gedanke erweckt wird, oder nicht? Men antwortete: Berg Sumeru!

Wenn ja, was wird von uns in dieser Sackgasse verlangt? Alles wird uns weggenommen, selbst die Erde trägt uns nicht mehr. Aber das ist genau die Situation, in die uns alle Zen-Meister treiben wollen. Ein Licht blitzt aus der Dunkelheit auf, wenn diese an ihre Grenzen stößt. Dann erkennen wir die Wahrheit des folgenden Dialogs:

Ein Mönch fragte Che: Wie sollen wir vorankommen, wenn wir keine Gedanken an irgendetwas hegen? Die Antwort des Meisters war: Der hölzerne Mann sitzt am Webstuhl und der steinerne Mann schiebt in der Nacht das Schiffchen (zum Weben) ein. Wenn dies verstanden ist, wird *sunyata* zu einer Tatsache in unserem Leben.

Das tägliche Leben und die geheime Praxis ist kein Pharisäertum mehr. Jede Arbeit, auch wenn sie im gewöhnlichen Sinne anstößig oder abstoßend ist, hört auf, so zu sein, und wird bereitwillig verrichtet. Das Reinigen der Toiletten zum Beispiel, vor allem derjenigen, die im primitiven Stil gebaut sind, wird im Allgemeinen Leuten überlassen, deren Beruf diese Art von Arbeit ist. Im Kloster werden die Mönche jedoch dazu angehalten, die ihnen zugewiesenen Arbeiten ohne Murren zu übernehmen und sie so gut wie möglich auszuführen. Abgesehen von ihrem moralischen oder sozialen Wert wird diese Geisteshaltung, wie wir bereits gesehen haben, unter einem Gesichtspunkt kultiviert, der als spezifisch Zen- oder Mahayana-typisch bezeichnet werden kann. Die christliche Idee, sich um unglückliche Patienten zu kümmern, die an ekelerregenden Krankheiten leiden – was von den Christen als besonders fromm oder verdienstvoll angesehen wird –, zeigt eine große Ähnlichkeit mit dem buddhistischen Motiv. Der Gedanke, der der Tat zugrunde liegt, lässt Variationen zu, aber dasselbe Gefühl, das als religiös bezeichnet werden kann, liegt hier sowohl dem christlichen als auch dem buddhistischen Geist zugrunde.

Ucchushma ist der Name des Gottes, der auf der Toilette verehrt wird und der alle Unreinheiten, die man hier entdecken kann, verschlucken soll. Seine Aufgabe scheint nicht sehr angenehm zu sein; aber solange wir keine Wesen sind, die sowohl innerlich als auch äußerlich gründlich von Unreinheiten gereinigt sind, muss es jemanden geben, der sich um sie kümmert; und das ist zweifellos derjenige, der den Zustand des Geistes erreicht hat, in dem keine falschen Anwendungen möglich sind. (Tafel 21)

Tafel 14: Kochen

Tafel 15: Speisehalle

Tafel 16: Krankenpflege

Tafel 17: Nähen und Moxa-Behandlung

Tafel 18: Tonsur

Tafel 19: Waschen

Tafel 20: Baden

Tafel 21: Hausarbeiten

V
Ein Leben des Gebets und der Dankbarkeit

1

Das Gebetsleben beginnt mit dem Bekenntnis; denn das Gebet, in welchem Sinne es auch immer verstanden werden mag, ist der Ausdruck eines ernsthaften Wunsches, der geweckt wird, wenn der Himmelsgeweihte etwas in sich fehlen fühlt und sich entweder durch eine äußere Macht oder durch ein tieferes Eindringen in sein eigenes Wesen zu vervollständigen sucht; und das Bekenntnis besteht darin, diese Tatsache, die in manchen Fällen als Sündhaftigkeit empfunden wird, offen anzuerkennen. In der buddhistischen Terminologie bedeutet dies, sich der Schwere des eigenen Karmas bewusst zu werden – der Hindernisse, die in der Vergangenheit mit Hilfe von Körper, Mund und Geist entstanden sind. Wenn der Himmelsgeweihte innerlich gedrängt wird, sich dessen bewusst zu werden, betet er. Er mag kein endgültiges Wissen über den objektiven Körper haben, dem sein Gebet dargebracht wird. Dieses Wissen ist im Allgemeinen nicht wesentlich, denn sein Gebet ist der unkontrollierbare Ausbruch eines intensiven, innigen Verlangens. Im Zen-Buddhismus werden Gebete an alle Buddhas und Bodhisattvas der Vergangenheit, Gegenwart und Zukunft in den zehn Vierteln und auch an *Maha Prajnaparamita* gerichtet.

Die Bekenntnisformel lautet:

„All die bösen Taten, die ich in der Vergangenheit begangen habe, sind auf Gier, Zorn und Torheit zurückzuführen, denen ich seit unberechenbarer Zeit nachging, und wurden durch meinen Körper, meinen Mund und meinen Geist erzeugt. All dies bekenne ich nun vorbehaltlos."

Bei den Zen-Buddhisten hat das Gebet eher die Form einer Selbstreflexion und eines Gelübdes oder eines entschlossenen Willens, als dass es um eine Hilfe von außen bei der Erfüllung von Wünschen bittet. Das Folgende ist, was als Gelübde und Tat des Bodhisattvas bekannt ist.

Wenn ich über den wahren Charakter aller Dinge nachdenke, erkenne ich, dass sie auf geheimnisvolle Weise die Tugend des Tathagata (Buddha) zum Ausdruck bringen und dass das gesamte Universum bis hinunter zum kleinsten Partikel ein Strahl ist, der von ihm auf die unbegreiflichste Weise ausgeht. Aus diesem Grund haben die alten Meister eine freundliche und ehrfürchtige Haltung gegenüber allen Lebewesen, einschließlich der Vögel und Tiere, gepflegt. In allen Nahrungsmitteln und Kleidern, mit denen unser Körper während der zwölf Tagesabschnitte warm gehalten und genährt wird, erkennen wir das Fleisch und Blut unserer Meister; denn selbst diese unbelebten Gegenstände spiegeln ihre Liebe und ihr Mitgefühl wider, für die wir alle ein tiefes Gefühl der Ehrfurcht und Dankbarkeit empfinden. In diesem

Sinne sollten wir mit denjenigen, die nicht ausreichend mit Intelligenz ausgestattet sind, sehr zärtlich und freundlich umgehen. Selbst wenn unsere Feinde uns verleumden oder auf die eine oder andere Weise quälen, sollten wir sie als verkleidete Bodhisattvas betrachten, deren liebende Herzen sich bemühen, auf diese Weise die Auswirkungen all unserer schlechten Taten und Gedanken auszulöschen, die wir aufgrund unseres Egoismus und unserer voreingenommenen Ansichten seit der unermesslichen Vergangenheit ständig begangen haben. Lasst uns also in Gedanken die Tugend der Demut in Worten und Taten kultivieren und mit Zielstrebigkeit Gedanken der Hingabe erheben. In dem Augenblick, in dem dieser reine Glaube aus der Tiefe unseres Wesens erwacht, wird sich ein Lotus der Erleuchtung in voller Blüte öffnen. Jede Lotusblüte trägt einen Buddha in sich, und wo immer ein Buddha ist, gibt es ein reines Land in voller Pracht, und seine Herrlichkeit wird jedem unserer Schritte folgen. Mögen alle fühlenden Wesen diese Art der Empfindung teilen und mit uns zusammen gleichermaßen die Verwirklichung von *sarvajnata* erreichen!

Das Gebet von Ta-hui, das täglich im Zen-Kloster rezitiert wird, fasst sozusagen alles zusammen, was im Herzen des Mönchs bewegt wird:

Mein einziges Gebet ist, dass ich fest entschlossen bin, das Studium der Wahrheit fortzusetzen, damit ich mich nicht müde fühle, wie lange ich mich auch immer damit beschäftigen muss; dass ich leicht und unbeschwert in den vier Teilen meines Körpers bin; dass ich stark und unverzagt in Körper und Geist bin, dass ich frei von Krankheiten bin, und sowohl niedergeschlagene Gefühle als auch Unbeschwertheit vertreibe, jeder Form von Unglück, Pech, bösem Einfluss und Hindernissen entgehe, so dass ich sofort den rechten Weg betreten kann und nicht auf den Pfad des Bösen verführt werde; alle bösen Leidenschaften auszulöschen, die *Prajna* wachsen zu lassen, eine sofortige Erleuchtung in der Angelegenheit zu haben, die mich am meisten betrifft, und dadurch das spirituelle Leben der Buddhas fortzusetzen, und weiterhin allen fühlenden Wesen zu helfen, den Ozean von Geburt und Tod zu überqueren, wodurch ich all das vergelten kann, was ich den liebevollen Gedanken der Buddhas und Patriarchen verdanke. Mein weiteres Gebet ist, zum Zeitpunkt meines Abschieds nicht zu krank zu sein oder zu sehr zu leiden, um sein Kommen vorher zu wissen, etwa sieben Tage im Voraus, damit meine Gedanken friedlich und richtig bei der Wahrheit verweilen können; diesen Körper im letzten Moment ungebunden zu verlassen, um ohne Verzögerung im Land der Buddhas wiedergeboren zu werden und sie von Angesicht zu Angesicht zu sehen, um von ihnen das endgültige Zeugnis der höchsten Erleuchtung zu erhalten, und dadurch befähigt zu werden, mich unendlich im *Dharmadhatu* zu teilen, um allen fühlenden Wesen bei der Überwindung des Ozeans von Geburt und Tod zu helfen.

Diese Gebete werden allen Buddhas und Bodhisattva-Mahasattvas der Vergangenheit, Gegenwart und Zukunft in den zehn Vierteln und *Maha Prajnaparamita* dargebracht. Neben diesen Gebeten rezitiert der Mönch die „Inschriften auf der Rechten Seite des Sitzes“, die von Chungfeng, dem Nationallehrer, verfasst wurden:

„Die Bhikshus (Mönche) in diesen letzten Tagen ähneln in ihrer Form jenen Obdachlosen, aber im Herzen haben sie keine Gefühle von Scham und Reue. Ihre Körper sind mit dem priesterlichen Gewand bedeckt, aber ihr Geist ist mit weltlichen Verunreinigungen behaftet. Sie rezitieren mit ihrem Mund die heiligen Schriften, aber in ihrem Geist tragen sie Gier und Lust in sich. Tagsüber sind sie dem Streben nach Ruhm und Reichtum verfallen, während sie nachts von unreinen Neigungen besoffen sind. Äußerlich halten sie sich an die moralischen Gebote, während sie innerlich heimlich gegen die Regeln verstoßen. Sie sind ständig mit weltlichen Angelegenheiten beschäftigt und vernachlässigen es, sich für die Befreiung zu disziplinieren. Sie sind so sehr der Pflege müßiger Gedanken hingegeben, dass sie das richtige Wissen bereits weggeworfen haben. Darum rate ich dir Folgendes:

(1) Verankere fest das Verlangen nach Wahrheit, um in deine eigene Natur hineinschauen zu können. (2) Hege tiefe Zweifel in Bezug auf das Koan, das du hast, und sei so, als ob du auf eine Eisenkugel beißt. (3) Behalte deine aufrechte Haltung auf dem Sitz bei und lege dich niemals ins Bett. (4) Kultiviere den Sinn für Demut und Reue, indem du Bücher und Sprüche liest, die von Buddha und den Patriarchen hinterlassen wurden. (5) Halte den Körper in Übereinstimmung mit den Geboten rein und beflecke ihn niemals; dasselbe gilt für den Geist. (6) Benimm dich bei allen Gelegenheiten mit ruhiger Würde und sei unter keinen Umständen unbesonnen und ungestüm. (7) Sprich leise und in einem ruhigen Ton, lass dich nicht zu Witzen hinreißen. (8) Es mag Leute geben, die dir nicht glauben, aber lass dich nicht von ihnen verspotten. (9) Sei immer bereit, deine Staubtücher und Besen zu benutzen, um die Klostergebäude und -höfe von Staub freizuhalten. (10) Verfolge unermüdlich den Weg der Wahrheit, sei niemals süchtig nach übermäßigem Essen und Trinken.

Geburt und Tod sind das schwerwiegende Ereignis, jeder Augenblick dieses Lebens ist zu beneiden, die Unvergänglichkeit wird zu bald da sein, die Zeit wartet auf niemanden. Es ist ein seltenes Ereignis, als Mensch geboren zu werden, und wir werden jetzt als solche geboren; es ist nicht leicht, der Lehre des Buddha zuzuhören, und wir haben sie jetzt gehört. Wenn wir also in diesem Leben keine Emanzipation erreichen, in welchem Leben erwarten wir dann, uns zu befreien?“

2
Neben diesen Gebeten und Ermahnungen werden auch die Sutras täglich am frühen Morgen und am Nachmittag rezitiert. Im japanischen und chinesischen Buddhismus hat das Sutra-Lesen eine doppelte Funktion: In erster Linie dient es dazu, mit den Gedanken des Gründers in Kontakt zu kommen, und in zweiter Linie dazu, spirituelle Verdienste zu erwerben. Ersteres kann besser als Sutra-Studium bezeichnet werden, während letzteres eigentlich Sutra-Lesen oder Rezitieren heißt, denn das Ziel ist nur das Rezitieren, nicht unbedingt begleitet von einem intellektuellen Verständnis des Inhalts. Das Rezitieren selbst wird als verdienstvoll angesehen, da es in den Sutras so festgelegt ist. Nicht nur das Rezitieren oder Lesen, sondern auch das Kopieren bringt Verdienst hervor. Die Sutra-Lesung in den buddhistischen Klöstern kann daher als eine Art Gebet angesehen werden. Die Lektüre, selbst wenn sie nicht in ihrer vollen Bedeutung erfasst wird, löst den Geist von weltlichen Sorgen und egozentrischen Interessen. Das dadurch gewonnene Verdienst ist zwar negativ, lenkt aber den Geist auf die Erlangung von *sarvajnata* (umfängliches Wissen).

Das Sutra-Lesen ist auch ein Ausdruck der Dankbarkeit gegenüber den eigenen Lehrern, Vorfahren und anderen Wesen im Allgemeinen. Dankbarkeit im Buddhismus bedeutet, dass Wissen um die Verwirklichung in der Welt gewonnen wurde. In diesem Gefühl ist nichts Persönliches, also nichts Egoistisches enthalten. Die Mönche drücken daher in ihren täglichen Übungen, die aus Sutra-Lesung, Gebetsrezitation, Weihrauchopfer, Verbeugung und so weiter bestehen, ihre Wertschätzung dessen aus, was die Buddhas, Bodhisattvas, Patriarchen, Lehrer und andere Persönlichkeiten für die buddhistische Sache getan haben.

Die im Zen-Kloster am häufigsten verwendeten Sutren sind (1) das *Prajnaparamita-hridaya-Sutra* (Herz-Sutra), bekannt als *Shingyo,* (2) das *Samantamukha-parivarta,* bekannt als *Kwannongyo,* das ein Kapitel des *Pundarika-Sutra* (Lotus-Sutra) bildet, und (3) das *Vajracchedika-Sutra* (Diamant-Sutra) oder *Kongokyo* auf Japanisch. Von diesen drei Sutren wird das *Shingyo,* das am einfachsten ist, fast bei jeder Gelegenheit rezitiert. Neben diesen chinesischen Übersetzungen sind die ursprünglichen Sanskrit-Texte in chinesischer Transliteration, die auf japanische Weise ausgesprochen werden, in Gebrauch.

Sie gehören mehr oder weniger zur Dharani-Klasse (magische Formeln) der buddhistischen Literatur und sind, auch wenn sie übersetzt werden, völlig unverständlich.

Bei einigen besonderen Anlässen werden die *Maha Prajnaparamita Sutras* in sechshundert Faszikeln auf die als *ten-doku* (*chuan-tu* auf Chinesisch) bekannte Weise gelesen. *Ten-doku* bedeutet drehend lesen. Da die Sutras so umfangreich sind, können sie nicht innerhalb einer bestimmten Zeit gelesen werden. Die sechshundert Bände werden unter den Mönchen aufgeteilt, und jeder Mönch liest zwei oder drei Seiten am Anfang und am Ende eines jeden Bandes, während der mittlere Teil durch mehrmaliges Umdrehen des gesamten Bandes gelesen wird; daher der Ausdruck Lesen durch Umdrehen. Jeder Band, der aus einem langen Blatt starken Papiers besteht, ist zu zahlreichen Blättern gefaltet, und wenn die Mönche sie durch Umdrehen lesen, sehen die Sutras aus, als wären sie viele lange schmale Stücke gelben Stoffes, die in der Luft fliegen. (Tafel 22) Vor allem, weil sie sie mit lauter Stimme rezitieren, ist die ganze Szene sehr lebendig.

Die Lektüre der Sutras ist nicht nur für die Leser selbst, sondern für alle, denen das Verdienst gewidmet ist, von großem spirituellem Nutzen. Die ersten drei Morgen des neuen Jahres sind in allen Zen-Klöstern dieser Zeremonie gewidmet, bei der nicht nur für das Wohlergehen der Nation, sondern für den Frieden in der ganzen Welt gebetet wird.

Eine alte Dame schickte einst einen Boten mit Geld zu Chaochou und bat ihn, das gesamte Tripitaka zu wenden. Chaochou kam von seinem Sitz herunter, ging ein Mal um den Sitz herum und sagte: Das Wenden ist beendet. Der Bote kehrte zur alten Dame zurück und berichtete den Vorgang, wie er sich zugetragen hatte. Die alte Dame sagte: Ich habe ihn gebeten, das gesamte Tripitaka zu wenden, aber seine Wendung umfasst nur die Hälfte davon.

Dazu Ta-hui, einer der großen Zen-Meister der Sung-Zeit: Manche fragen „Was ist die andere Hälfte?“, andere sagen „Mach noch eine Runde“, oder „Schnipp mit den Fingern!“, wieder andere sagen „Hustet!“ oder „Sagt ein *Kwatz!*“ oder „Klatscht in die Hände!“ Diejenigen, die diese Bemerkungen machen, wissen nicht, was Scham bedeutet. Was die andere Hälfte anbelangt, so äußert niemals eine solche Bemerkung wie: „Mach noch eine Runde!“ Selbst wenn Hunderttausende von *koti* (d. h. unzählige) an Runden gemacht werden, sind sie aus der Sicht der alten Dame nicht mehr als ein halbes Tripitaka. Selbst wenn der Berg Sumeru hunderttausendmal umrundet wird, ist das aus der Sicht der alten Dame nicht mehr als ein halbes Tripitaka. Selbst wenn die großen Zen-Meister des ganzen Reiches den Berg hunderttausendmal umrunden, ist das aus der Sicht der alten Dame nicht mehr als ein halbes Tripitaka. Selbst wenn alle Berge und Flüsse und die große Erde und alles, was dieses Universum der Vielheit ausmacht, einschließlich jeder Pflanze und jedes Grashalms, die alle mit einer langen, breiten Zunge ausgestattet sind, einstimmig das Tripitaka von heute an bis zum Ende der Zeit umkreisen, ist das aus der Sicht der alten Dame nicht mehr als ein halbes Tripitaka.

Ta-hui schwieg eine Weile und fuhr dann fort: Das schöne Entenpaar, das in feinstem Stil bestickt ist, magst du so oft ansehen, wie du willst. Doch sorge dafür, nicht die goldene Nadel auszuliefern, die diese Arbeit gemacht hat!

Nach diesen Hinweisen äußerte ein anderer Zen-Meister seine eigene Idee und sagte: Die alte Dame behauptet, dass Chao-chou nur die Hälfte des Tripitaka gewendet hat. Damit wird das Echte durch das Unechte ersetzt. Das einzige, was man damals sagen musste, war dies: Warum nehmen wir nicht das Ganze auf, bevor Chao-chou anfängt, den Sitz zu umrunden?

3

Wie die hungrigen Geister ihren Platz gefunden haben im Schema der Zen-Weltanschauung, ist ein besonderer Forschungsgegenstand in der institutionellen Geschichte des Zen in China. Zen in seiner reinen Form hat die Tendenz, akosmistisch zu werden, aber in seinem bejahenden Aspekt akzeptiert es alles, was in der Welt der Vielheit vor sich geht. Sogar alle polytheistischen Götter, einschließlich der Bewohner der Luft, der Erde und des Himmels, und alle anderen Wesen, die nur im Bereich des Aberglaubens und der traditionellen Überzeugungen leben, werden unterschiedslos in das System des Zen aufgenommen. Jedem von ihnen ist es erlaubt, seinen Platz im Zen gemäß den von den Volksreligionen vorgegebenen Werten einzunehmen; das ist der Grund, warum Zen so viel von dem beherbergt, was ich das chinesische Shingon-Element nennen würde. Die Dharani-Sutras werden rezitiert, die Ahnen werden verehrt, es wird für das Wohlergehen der herrschenden Mächte der Zeit gebetet, wobei die Frage noch zu klären ist, für wen; der Schutz der lokalen Götter wird ernsthaft gesucht, alle Rituale im Zusammenhang mit den verstorbenen Geistern werden streng eingehalten, und alle Formen des Exorzismus werden bis zu einem gewissen Grad ebenfalls praktiziert. Die Fütterung der hungrigen Geister *(segaki)*, die mindestens zwei Mal im Jahr während der Higan-Saison stattfindet, ist somit eine der von außen hinzugefügten Auswüchse; gleichzeitig ist hier aber auch der Gedanke einer Gemeinschaft zu erkennen, die zwischen allen lebenden Wesen und denen, die als verstorben gelten, besteht. Die Form besteht darin, die hungrigen Geister zu speisen, aber wie wir aus der Gebetsformel entnehmen können, bedeutet die Speisung in Wirklichkeit das Teilen der Nahrung, die Teilhabe an demselben Lebensstab, der die Idee einer großen Gemeinschaft symbolisiert, die alle sichtbaren und unsichtbaren Geister umfasst.

Die hungrigen Geister, *preta* in Sanskrit, finden ihren Platz in den sechs Pfaden *(gati)* der Existenz. Sie sind verstorbene Geister, aber da sie scheinbar ewig nach etwas zu essen verlangen, weil sie hungrig sind, werden sie als hungrige Geister bezeichnet. Vielleicht stehen sie für das menschliche Verlangen zu haben, das niemals gesättigt werden kann. Wenn alle Gier der Welt, die sich in unendlich vielen Formen ausdrückt, mittels des *segaki*-Rituals besänftigt werden kann, wird das Reine Land in kürzester Zeit eine Realität hier bei uns sein. Wir wären damit alle hungrige Geister, wenn auch nicht unbedingt verstorbene Geister. Indem wir die vermeintlich Verstorbenen füttern, füttern wir uns selbst; wenn sie satt sind, sind wir satt; es ist kein wirklicher Unterschied zwischen den Toten und den Lebenden zu machen. Die so genannten Lebenden leben von den Toten, das heißt, die so genannten Toten leben höchst lebendig in den Lebenden. Das Gebet besteht also darin, dass wir reichlich mit Erleuchtung gespeist werden, und die Dankbarkeit besteht darin, dass wir diese Gelegenheit, Erleuchtung zu verwirklichen, zusammen mit den verstorbenen Geistern genießen können.

In der Mitte des Altars wird eine Tafel aufgestellt, die allen verstorbenen Geistern der dreifachen Welt gewidmet ist. Blumen, Kerzen und Räucherstäbchen werden wie üblich zusammen mit Speisen dargebracht. Der heilige Bereich wird von Bannern mit den Namen der Tathagatas, Bodhisattvas, Arhats, Götter, Halbgötter und anderer nicht-menschlicher Wesen geschützt. Es wird angenommen, dass sie auf diese Weise eingeladen sind, bei der Zeremonie anwesend zu sein und an der Errichtung der mystischen Wirkungen über den unglücklichen Bewohnern des Limbus teilzunehmen. (Tafel 23)

Wenn die *dramatis personae*, Buddhas, Götter und Hungrige, eingeladen sind, werden die Dharanis gelesen und ein entsprechendes Gebet gesprochen:

„Es wird gewünscht, dass alle hungrigen Geister, die jeden Winkel der Welten bewohnen und die zehn Viertel ausfüllen, an diesen Ort kommen und sich an der reinen Nahrung, die ihnen angeboten wird, beteiligen.

Hungriger Geist, du sollst davon satt werden, und wenn du vollkommen gesättigt bist, sorgst du dafür, dass alle fühlenden Wesen ihrerseits von dir gespeist werden. Es wird auch gewünscht, dass du durch diese magische Nahrung von den Schmerzen, die du erleidest, befreit wirst und in den Himmeln geboren wirst und nach Belieben alle Reinen Länder in den zehn Vierteln besuchen kannst; dass du den Wunsch nach Erleuchtung hegst, das Leben der Erleuchtung praktizierst und im kommenden Leben die Buddhaschaft erlangst. Es wird erneut gewünscht, dass du uns Tag und Nacht beschützt, damit wir ohne Hindernisse das Ziel unseres Lebens erreichen können. Welches Verdienst auch immer aus dieser Tat der Speisung der Hungrigen hervorgeht, möge es der universellen Verwirklichung der Höchsten Erleuchtung gewidmet werden, und jedes fühlende Wesen möge schnell zur Erlangung der Buddhaschaft gelangen. Dieses Gebet wird allen Buddhas und Bodhisattvas der Vergangenheit, Gegenwart und Zukunft in allen zehn Bezirken sowie *Maha Prajnaparamita* dargebracht.“

In der Tat wird diese Speisung der hungrigen Geister und anderer geistiger Wesen täglich zur Essenszeit praktiziert. Bevor die Mönche ihre Schüsseln mit Reis nehmen, wählen sie etwa sieben Körner aus, die *saba* genannt werden, und bieten sie diesen nicht-menschlichen Wesen an. Der Gedanke dahinter ist vielleicht zum Teil Dankbarkeit und zum Teil das Teilen von guten Dingen mit anderen. Kommen die Verstorbenen wirklich und schweben über uns?

Als Tao-wu ein Festmahl zum Gedenken an seinen verstorbenen Meister Yüeh-shan vorbereiten ließ, fragte ein Mönch: Warum gibst du dieses Festmahl für deinen verstorbenen Meister? Ist er wirklich gekommen, um es zu nehmen? Tao-wu antwortete: Wie kommt es, dass ihr Mönche das Festmahl vorbereitet habt?

Als Tan-yüan am Todestag ein Fest für Nationallehrer Chu gab, fragte ein Mönch: Wird der Lehrer kommen oder nicht? Yüan sagte: Ich habe die Kunst des Gedankenlesens noch nicht erlangt. – Welchen Sinn hat es dann, das Fest zu veranstalten? – Ich möchte das Treiben in der Welt nicht beenden.

Als eine ähnliche Frage an Jen vom Pai-shui gestellt wurde, sagte er: Haltet ein weiteres Opfer bereit. – Hielt der Meister den Fragesteller für einen der hungrigen Geister?

Diese Aussagen der Meister scheinen von unserem weltlichen, relativen Standpunkt aus nicht sehr erhellend zu sein. Sehen wir uns an, was sie zum Zeitpunkt ihrer Abreise über ihr eigenes Ziel sagen. Oder, wenn wir die Art und Weise beobachten, in der sie sich von ihrem irdischen Dasein verabschieden, ist es uns vielleicht möglich, einen gewissen Einblick in den Verbleib der Verstorbenen zu gewinnen.

Am fünfundzwanzigsten Dezember sagte Pu vom Ho-shan zu seinen Anhängern: Wenn ein Meister stirbt, ist es üblich, dass seine Zendo-Anhänger ein besonderes Mahl für ihn zubereiten; doch meiner Meinung nach ist das völlig unnötig. Wenn ich sterbe, lasst mir eure Opfergaben vor und nicht nach meinem Ableben zukommen. Die Mönche waren der Meinung, dass er selbst auf seine alten Tage nicht mit seinen Scherzen aufhörte. Sie fragten: Wann wirst du sterben? – Ich sterbe, wenn ihr alle eure Opfergaben für mich gebracht habt. In seinem Schlafgemach wurde ein Vorhang aufgehängt, hinter dem er saß; alle zeremoniellen Gefäße wurden vor ihm aufgestellt, die Grabreden wurden verlesen, und ihm wurde in gebührender Ehrerbietung Essen angeboten. Meister Pu hatte guten Appetit und verzehrte alle Speisen, ohne Anzeichen einer frühen Abreise zu zeigen. Die Zeremonie wurde einige Tage lang fortgesetzt, bis jeder im Kloster, einschließlich seiner unmittelbaren Schüler bis hin zu allen Kulis, dem Meister, der auf diese Weise wie ein wirklich Verstorbener behandelt wurde, die gebührende Ehre erwies. Am Neujahrstag war die ganze Zeremonie im Zusammenhang mit einem Todesfall zu Ende. Der Meister sagte zu den Mönchen: Die Zeit ist gekommen; morgen, wenn es aufhört zu schneien, werde ich gehen. Am folgenden Tag war das Wetter schön, aber es begann zu schneien, und als dies aufhörte, verschied er, still sitzend bei brennendem Weihrauch.

Als Hsiu von Cho-chou kurz vor seinem Tod stand, nahm er ein Bad und ließ sich danach eine Tasse Tee bringen. Als er den Tee ausgetrunken hatte, wollte der Diener das Teetablett wegtragen, aber der Meister zog es zurück und sagte: Weißt du, wohin ich gehe? – Nein, Meister, ich weiß es nicht. Daraufhin übergab der Meister dem Mönch das Tablett und sagte: Geh nur, du weißt nicht, wohin ich gehe. Als der Mönch zurückkam, nachdem er sein Tablett weggeräumt hatte, sah er den Meister bereits ohnmächtig.

Als Jen vom Su-shan gefragt wurde, wohin er nach seinem Tod gehen würde, sagte er: Auf dem Rücken im Heidekraut liegend, ragen seine vier Gliedmaßen gen Himmel.

Mo vom Wu-hsieh nahm vor seinem Tod ein Bad und verbrannte Weihrauch. Ruhig auf seinem Sitz sitzend, sprach er zu den Mönchen: Der *Dharmakaya* bleibt für immer vollkommen gelassen und zeigt doch, dass es ein Kommen und Gehen gibt; alle Weisen der Vergangenheit kommen aus derselben Quelle, und alle Seelen der Welt kehren zu dem Einen zurück. Mein Wesen ist nun wie ein Schaum zerfallen; ihr habt keinen Grund, darüber zu trauern. Strengt nicht unnötig eure Nerven an, sondern haltet eure ruhigen Gedanken aufrecht. Wenn ihr diese meine Anweisung befolgt, dann belohnt ihr mich für alles, was ich für euch getan habe; wenn ihr aber gegen meine Worte verstoßt, dann dürft ihr nicht als meine Jünger bezeichnet werden. Ein Mönch kam heraus und fragte: Wohin willst du gehen? – Nirgendwohin. – Warum kann ich dieses Nirgendwo nicht sehen? – Es ist jenseits deiner Sinne. Mit diesen Worten ging der Meister friedlich von dannen.

Das Ende des Zen-Meisters war nicht immer so friedlich; manchmal gab es einige, die hart darum kämpften, diesen Bettelsack fallen zu lassen. Als Chen vom Tsui-yen dem Tode nahe war, litt er furchtbar und wälzte sich auf der Strohmatte, die auf dem Boden ausgebreitet war. Che, der Diener, war weinend Zeuge dieser qualvollen Szene und sagte zum Meister: Als du noch stark warst, hast du alle möglichen verleumderischen Bemerkungen über den Buddha und die Väter gemacht; und was sehen wir jetzt? Der Meister starrte den Diener eine Weile an und schimpfte: Du machst auch solche Bemerkungen? Dann stand er auf, nahm eine beingekreuzte Haltung ein, befahl dem Diener, Weihrauch zu verbrennen, und gab leise den Geist auf.

Tafel 22: Das Wenden der Weisheitssutren

Tafel 23: Das Speisen der hungrigen Geister

VI
Ein Leben der Meditation

1
Nun kommen wir zu den zentralen Fakten des Zendo-Lebens, die die charakteristische Ausbildung des Zen-Mönchs ausmachen. Der Begriff Meditation drückt die hier vorherrschende Idee nicht ganz aus, und was er wirklich bedeutet, wenn er im Zusammenhang mit dem Leben des Zen-Mönchs verwendet wird, wird verständlich werden, wenn wir weiter unten mit seiner Beschreibung fortfahren. Bevor wir weitergehen, möchte ich mit dem Aufbau des Zendo vertraut machen.

Die Meditationshalle (*zendo* auf Japanisch, *chantang* auf Chinesisch), wie sie in Japan gebaut wird, ist im Allgemeinen ein rechteckiges Gebäude von unterschiedlicher Größe, je nach Anzahl der unterzubringenden Mönche. Da diese Zahl jedoch in der Regel Hundert nicht übersteigt, ist die Größe des Zendo insofern begrenzt. Das Zendo in Engakuji, Kamakura, das nach dem Erdbeben von 1923 wieder aufgebaut wurde, misst etwa 36 Fuß mal 65 Fuß und kann fünfzig oder mehr Mönche aufnehmen.

Es hat zwei Eingänge. Der vordere ist auf Tafel 24 und der hintere auf Tafel 25 abgebildet. Auf dem Brett über dem Eingang (Tafel 24) steht *Shobogen Do*, was so viel bedeutet wie „Die Halle des Auges des rechten Dharma“, denn die Halle ist dazu bestimmt, das Dharma-Auge der Bewohner zu öffnen, die damit in die Geheimnisse des Lebens und der Welt sehen können. Die viereckige Holztafel, die der Mönch gleich anschlägt, wird für verschiedene Zwecke verwendet: um die Mönche zu den Mahlzeiten, Vorträgen, Andachten usw. zu rufen oder um ihnen mitzuteilen, dass die Meditationsstunde begonnen hat oder beendet wurde. Die Schriftzeichen auf der Tafel lauten: Geburt und Tod sind ein schwerwiegendes Ereignis; wie vergänglich ist das Leben! Jede Minute ist zu beneiden, die Zeit wartet auf niemanden.

Der Schrein hinter der halbgeöffneten Tür enthält im Allgemeinen das Bildnis von Manjusri, das Weisheit *(Prajna)* repräsentiert. Das Öffnen des Dharma-Auges bedeutet, dieses *Prajna* zu erlangen, und der Bodhisattva ist das passende Objekt der Verehrung in der Meditationshalle.

Der Hintereingang (Tafel 25) wird von den Mönchen für ihre privaten Zwecke wie Waschen, Besorgungen usw. genutzt. Man beachte die Fußbekleidung in perfekter Ordnung. Sie ist von der einfachsten Art, aber sehr gut gepflegt; und wenn die Mönche sie an der Tür zurücklassen, um die Halle zu betreten, achten sie darauf, dass die *geta* (Holzsandalen) nicht durcheinander verstreut werden. Die Holztafel über dem Eingang enthält die Regeln der Halle, die im Anhang übersetzt werden.

Das Innere der Halle ist mit erhöhten Plattformen ausgestattet, die *tan* genannt werden und an den Längsseiten der Halle verlaufen. Die *tan* ist etwa acht Fuß breit und etwa drei Fuß hoch. An einem Ende des leeren, länglichen Bodens, der die Mitte des Gebäudes zwischen den *tan* einnimmt, steht der Schrein für Manjusri, den Bodhisattva, der sich zum Vordereingang hin öffnet. Diese mittlere Etage wird für eine Übung namens *kinhin* (*ching-hsing* auf Chinesisch) genutzt, die darin besteht, in indischen Reihen entlang der *tan* zu zirkulieren. (Tafel 26) Dies wird in bestimmten Abständen während der Meditationsstunden praktiziert. Dieses Gehen trägt dazu bei, dass der Geist der Mönche nicht in einen Zustand der Trägheit verfällt.

Die *tan* hat einen Tatami(Reisstrohmatte)-Boden, und jedem Mönch wird ein Platz von einem Tatami, etwa drei mal sechs Fuß, zugestanden. Dieser kleine Raum ist für jeden Mönch sein Himmel und seine Erde, denn hier schläft er, sitzt, meditiert und tut alle anderen Dinge, die in der Halle erlaubt sind. Die wenigen Habseligkeiten, die er bei sich hat, werden am Fensterende der *tan* aufbewahrt, wo sich über die gesamte Länge der *tan* eine niedrige, schrankartige Einrichtung befindet. Das Bettzeug wird auf einem geräumigen Regal untergebracht, das über dem Fenster angebracht und mit einem Vorhang verdeckt ist. (Tafel 27)

Wenn die Stunde zum Schlafen kommt, was normalerweise gegen 21 Uhr der Fall ist, rezitieren die Mönche das *Shingyo (Prajnaparamita-hridaya-sutra)* und verbergen sich drei Mal vor Manjusri. Sie legen sich in einer Reihe nieder. Der *jikijitsu* (*chih-jih* auf Chinesisch), der jede Bewegung der Mönche in der Halle lenkt – das wichtigste Amt im Zendo –, sieht sie alle ruhig unter dem Futon, opfert dem Bodhisattva sein letztes Räucherwerk und legt seinen *keisaku* (Ermahnungsstab, *ching-tse* auf Chinesisch) weg. (Tafel 28) Wenn dies alles getan ist, geht er selbst unter einen kargen Futon. Derjenige, der auf der gegenüberliegenden *tan* sitzt, wird *tanto* genannt, was so viel bedeutet wie „Kopf der *tan*". Sein Amt ist heutzutage mehr oder weniger ehrenamtlich.

Das Bettzeug, das jedem Mönch zur Verfügung gestellt wird, ist ein breiter Futon oder eine mit Watte gewickelte Bettdecke, die etwa einen halben Meter im Quadrat groß ist. Er wickelt sich darin ein, selbst mitten im kalten Winter hat er nur dies, und schläft von 21 Uhr abends bis etwa 3.30 Uhr morgens. Als Kopfkissen benutzt er ein paar kleine Kissen, jedes etwa zwei Fuß im Quadrat, auf denen er tagsüber sitzt und meditiert. Sobald er aufwacht, wird das Bettzeug auf das gemeinsame Regal über ihm gelegt. (Tafel 27) Dann geht er durch die Hintertür hinaus zu etwas, das man als allgemeinen Waschtisch bezeichnen könnte. Dort befindet sich ein großes Becken, das mit frischem Wasser gefüllt und mit einer

Reihe kleiner Bambusschöpfer versehen ist. Die Schöpfkelle fasst nicht viel Wasser. Das ist beabsichtigt, denn nach der Zen-Philosophie ist es, wie bereits erwähnt, ein Akt der Pietätlosigkeit, die Gaben der Natur zu verschwenderisch oder mehr als nötig zu nutzen. (Tafel 29)

Als Hsüeh-feng, Yen-tou und Chin-shan gemeinsam auf ihrer Zen-Pilgerreise unterwegs waren, verirrten sie sich in den Bergen. Es wurde dunkel und es gab kein Kloster, in dem sie um eine Unterkunft für die Nacht bitten konnten. Zu dieser Zeit bemerkten sie zufällig ein grünes Gemüseblatt, das am Bach entlang floss. Daraus schlossen sie natürlich, dass weiter oben in den Bergen jemand lebte. Doch einer der Mönchspilger wandte ein: Das ist durchaus möglich, aber ein Mann, dem es nichts ausmacht, das kostbare Blatt loszulassen, ist es nicht wert, dass wir darüber nachdenken. Noch bevor er dies gesagt hatte, sahen sie einen Mann mit einem langen Haken, der dem verlorenen Blatt nachlief. Dies mag ein extremer Fall sein, aber die Legende veranschaulicht sehr schön, welch tiefen Respekt das Zen gegenüber den Gaben der Natur und den Gaben seiner frommen Anhänger empfindet.

Demut, Selbstdisziplin, Streben nach den höheren Zielen des Lebens usw. sind die Grundlagen der Philosophie der Askese. Askese ist nicht immer negativ, noch entspringt sie einer ungesunden Geisteshaltung oder einer pervertierten Sicht des Lebens im

Allgemeinen. Hinter der Maske der trockenen Entsagung verbirgt sich etwas Positives, Männliches und Selbstbehauptendes. Zen als eine Form der Askese und nichts weiter zu betrachten, wäre ein schwerer Fehler. Das Ziel des Zen ist es, die Ansprüche des Körpers auf ein Minimum zu reduzieren, um sie auf eine höhere Ebene der Aktivitäten zu lenken. Es geht nicht darum, den Körper zu quälen, und es geht auch nicht darum, sich Verdienste zu erwerben und dadurch sein Vermögen in den Himmel zu bringen.

Wenn ein Mensch höhere Werte sieht, die er in seinem Leben nicht nur für sich selbst, sondern für alle seine Mitmenschen verwirklichen will, ist er immer gefordert, sich über die Erwägungen seines rein körperlichen Wohlergehens zu erheben. Das physische Wohlergehen darf natürlich nicht völlig außer Acht gelassen werden, solange es das Vehikel für Dinge ist, die höher sind als es selbst; aber wenn man ihm zu viel Beachtung schenkt, bewertet man ihn über. Dies ist eine der Schwächen, die der menschlichen Natur eigen sind. Vor allem, wenn Zen manchmal den Anschein erweckt, das Evangelium des Antinomianismus[1] oder des Latitudinarismus[2] zu lehren, ist es für Zen gut, die Praxis der Selbstdisziplin im Leben der Meditationshalle zu

---

[1] Die Lehre, dass durch den Glauben und die Gnadenfreiheit von der Verpflichtung befreit wird, sich an ein moralisches Gesetz zu halten.
[2] Offenheit gegenüber wissenschaftlichen Erkenntnissen.

betonen. Auch wenn man versucht, ein hervorragender Sportler zu werden, ist ein tägliches Training, das ein hohes Maß an Selbstverleugnung und Askese beinhaltet, absolut notwendig. Wenn ein Sportler sich einer seiner natürlichen Schwächen hingibt, wird er vom Betreten der Arena ausgeschlossen. Diejenigen, die danach streben, sich der Erlangung und Verwirklichung von Dingen von höchstem Wert im Leben zu widmen, können nicht daran denken, vor einem gewissen Maß an Disziplin zurückzuschrecken.

Wie viel Schlaf ein Mensch braucht, um gesund, kräftig und stets arbeitsfähig zu bleiben, ist ein großes Problem, das sich nicht ohne Berücksichtigung verschiedener Begleitumstände neben der eigenen erblichen Konstitution entscheiden lässt. Aber der Schlaf scheint etwas zu sein, das viel Spielraum zulässt, und Disziplin oder Gewohnheit können dazu beitragen, ihn auf seine niedrigsten Bedingungen zu reduzieren. Vielleicht ist dies einer der Gründe, warum der Buddha und viele andere große spirituelle Führer diejenigen, die dem Schlaf nachgeben, streng verurteilen. Aber von einem anderen Standpunkt aus betrachtet, ist Schlaf ein Zeichen für Frieden und Zufriedenheit; diejenigen, die immer wach sind und mit unruhigem Blick umherschauen, oder diejenigen, die bei jedem kleinen Zwischenfall oder Missgeschick im Leben aufschrecken und nicht einschlafen können, weil sie so elendig nervös sind, sind diejenigen, deren Geist irgendwie nicht in das allgemeine Schema des Universums passt. In unserer modernen Zeit, in der sich die Umwelt durch künstliche Mittel so schnell verändert, fällt es dem Urheber dieser Veränderungen äußerst schwer, sich an sie anzupassen, und das Ergebnis ist die offensichtliche Zunahme aller Arten von Neurotikern. Ist es da nicht erfrischend, in der Geschichte des Zen solche Beispiele wie das folgende zu finden?

Yen-tou Chüan-kuo, ein großer Zen-Meister der späten Tang-Zeit, sah Su-shan herankommen und schlief tief und fest ein. Shan ging auf den Meister zu und stellte sich neben ihn, der ihm jedoch keinerlei Beachtung schenkte. Shan gab seinem Stuhl einen Stoß. Der Meister drehte den Kopf um und fragte: Was willst du? Shan antwortete: O Meister, schlaft gut! Mit diesen Worten ging er fort. Der Meister lachte herzhaft: Ich habe mich dreißig Jahre lang mit so vielen Pferden herumgetrieben, und heute werde ich von einem Esel niedergetreten!

Als Tou-tzu I-ching in dem von Yüan-tung Hsiu geleiteten Kloster war, trat er nie vor den Meister, um sich über Zen zu erkundigen, sondern döste die ganze Zeit vor sich hin. Der Mönchsvorsteher sagte zum Meister: Es gibt einen Mönch in unserem Zendo, der seine Zeit mit Schlafen und Nichtstun verbringt. Mit ihm sollte in Übereinstimmung mit den Regeln verfahren werden. Hsiu: Wer ist das? Mönchsvorsteher: Bruder I-ching. Hsiu: Sei nicht voreilig. Warte, bis ich ihn herausgefordert habe. Der Meister nahm nun seinen Stab und ging in die Halle. Als er den besagten Mönch dösen sah, schlug er mit seinem Stab auf den Boden, schimpfte ihn aus und sagte: Du kannst nicht so weitermachen, während du unseren Reis verzehrst. Ching: Was soll ich dann tun, o Meister? Hsiu: Warum studierst du nicht Zen? Ching: Wenn der Magen eines Mannes bereits gefüllt ist, zu welchem feinen Essen wollt ihr mich dann noch einladen? Hsiu: Unglücklicherweise gibt es jemanden, der dich nicht voll und ganz befürwortet. Ching: Welchen Sinn hat es, auf eine solche Bestätigung zu warten? Hsiu: Wen hast du gesehen, bevor du hierher kamst? Ching: Fu-shan. Hsiu: Ich habe mich gefragt, wie du dazu gekommen bist, so hartnäckig selbstbewusst zu sein. Mit diesen Worten nahm der Meister die Hand des schläfrigen Mönchs und verließ lächelnd die Halle.

Diese Stufe des Verstehens zu erreichen, ist jedoch keine leichte Aufgabe und erfordert eine enorme Menge an Energie. Daher die folgende Ermahnung von Tui-yin in seinem „Spiegel für Zen-Schüler“:

„Wenn du nicht innerlich nachdenkst und dich nicht bemühst, die Wahrheit zu erkennen, wird das bloße Lernen so vieler Sutras deinem spirituellen Wohlergehen nicht wirklich nutzen. Es ist wie das Zwitschern der Vögel im Frühling und das Singen der Insekten in der Herbstnacht – sie alle haben keine Bedeutung, die über die bloße Erzeugung von Lärm hinausgeht. Die Sutra-Lektüre sollte nicht so sein. Wenn dein Studium noch nicht vollständig mit der Wahrheit übereinstimmt, kann es zu deinem Ruf als beflissener Gelehrter oder wortgewandter Redner beitragen. Wie sehr du dich auch darin hervortun magst, es ist, als würdest du deinen Schmutzfänger mit Zinnoberrot anstreichen.

Die buddhistischen Mönche sollten nicht dazu verleitet werden, weltliche oder rein wissenschaftliche Literatur zu studieren. Es ist, als würde man einen Klumpen Lehm mit einem Schwert zerschneiden: Der Lehm selbst gewinnt nichts an Nützlichkeit, während das Schwert irreparabel beschädigt wird. Es ist keine Kleinigkeit, das Leben eines Hausherrn aufzugeben und Mönch zu werden. Es geht nicht darum, ein leichtes, bequemes Leben zu genießen, es geht nicht darum, weltlichen Ruhm zu erlangen oder Reichtümer anzuhäufen; es geht darum, frei zu werden von der Knechtschaft von Geburt und Tod, es geht darum, die Tyrannei der Leidenschaften zu unterwerfen; es geht darum, das *Prajna*-Leben des Buddha fortzusetzen; es geht darum, alle Wesen von ihrer Seelenwanderung in der dreifachen Welt zu befreien.

Das Feuer der Vergänglichkeit verbrennt alles in der Welt, und die Räuber der Leidenschaften suchen heimlich nach jeder Gelegenheit, sich deines inneren Schatzes zu bemächtigen. Diejenigen Mönche, die immer nach Reichtum und Ansehen streben, sind schlimmer dran als die einfältigen Bauern auf dem Bauernhof. Der Buddha sagt: ‚Diejenigen, die in meinem Gewand den Tathagata verunglimpfen und alle Arten von bösem Karma anhäufen, sind meine Feinde.‘ Wir sind alle Söhne des Buddha; jeder Faden des Kleides, das wir tragen, stammt vom Webstuhl des fleißigen Webers, und jedes Reiskorn, das wir zu uns nehmen, ist ein Zeichen für den Schweiß der Stirn des Bauern. Wenn dein *Prajna*-Auge noch nicht geöffnet ist, welchen Anspruch kannst du dann jemals auf diese kostbaren Gaben deiner Mitmenschen haben? Willst du wissen, was das für Tiere sind, die mit Fell bedeckt sind und ein Paar Hörner auf dem Kopf tragen? Sie sind nichts anderes als jene Mönche, die schamlos alle frommen Gaben ihrer Anhänger annehmen. Mönche sollen nicht essen, wenn sie nicht hungrig sind, sie sollen nicht mehr tragen, als sie tatsächlich brauchen. Anstatt von ihren frommen Anhängern ein feines Gewand, eine Schale Reis oder eine Hütte zu akzeptieren: Wenn ihre Herzen noch nicht von dem Wunsch entflammt sind, sich selbst und alle Lebewesen aus der Willkür von Geburt und Tod zu befreien, und wenn sie nicht ihre ganze spirituelle Energie auf die Erreichung dieses Ziels richten, dann sollen die Geweihten ein Kleid aus glühendem Stahl tragen, ein Mahl aus geschmolzenem Metall zubereiten und in einem glühenden Ofen leben.

Die Mönche sollten sich wie ein Schleifstein verhalten: Chang-san kommt, um sein Messer zu schärfen, Li-szu kommt, um seine Axt zu schleifen, jeder und jede, die ihr Metall auf irgendeine Weise verbessert haben wollen, kommen und bedienen sich des Steins. Jedes Mal, wenn der Stein geschliffen wird, nutzt er sich ab, aber er beschwert sich nicht und prahlt auch nicht mit seiner Nützlichkeit. Und diejenigen, die zu ihm kommen, gehen mit vollem Nutzen nach Hause; einige von ihnen mögen den Stein nicht ganz zu schätzen wissen; aber der Stein selbst bleibt immer zufrieden.“

Dies kann als Nicht-Widerstand oder Nicht-Verletzung *(ahimsa)* bezeichnet werden, aber im Zen-Buddhismus ist es als Kultivierung der geheimen Tugend oder als Praktizieren von Taten der Mühelosigkeit *(anabhogacarya)* bekannt.

2

Das eigentliche Studium des Zen im Zendo besteht darin, einerseits die Schriften oder Aussprüche oder in manchen Fällen die Taten der alten Meister zu studieren und andererseits die Meditation zu praktizieren. Dieses Üben wird auf Japanisch Zazen genannt, während das Studium der Meister darin besteht, den Vorträgen des Zendo-Lehrers, der als Roshi bekannt ist, beizuwohnen. Roshi bedeutet wörtlich „alter Lehrer“, aber in diesem Fall bedeutet alt „ehrwürdig“ und hat keinen Bezug zum Alter des Meisters. Das Reden wird technisch als *teisho* oder *koza* bezeichnet.

Ein *teisho* oder *koza* zu geben bedeutet nicht, über das Lehrbuch zu dozieren, sondern die innere Bedeutung des Buches zu offenbaren. Der Meister erklärt nichts, denn er weigert sich, in seinem Vortrag an den Intellekt seiner Zuhörer zu appellieren; was er vielmehr versucht, ist in den Köpfen seiner Mönche die Psychologie seines alten Meisters wieder zu erwecken, die den Verlauf des fraglichen Zen-Gesprächs leitete. In diesem Fall werden die Mönche, deren *Prajna*-Auge noch geschlossen ist, nicht klüger sein, nachdem sie so viele Reden des Roshi gehört haben.

Das *teisho* ist eine feierliche Angelegenheit. Wenn die Stunde naht, schlägt der diensthabende Mönch die Tafel an, die am vorderen Eingang des Zendo hängt. (Abb. 24) Die Anwesenden machen sich bereit, indem sie ein spezielles Tuch anziehen, das *Kesa* (*Kashaya* in Sanskrit) genannt wird. Wenn die Trommel oder die Glocke im Vortragssaal erklingt, verlassen die Mönche in gebührender Ordnung den Zendo und gehen in würdiger Weise zu dem Raum, in dem das *teisho* stattfindet (Tafel 30). Wenn sie mit dem Sitzen fertig sind, kommt der Roshi aus seinem eigenen Quartier, begleitet von zwei Assistenzmönchen *(jisha)*.

Sobald er eintritt, geht er zum inneren Schrein, wo der Buddha steht. Ein Räucherstäbchen wird ihm, dem Gründer des Klosters, den nachfolgenden Äbten und dem Meister des Roshi selbst dargebracht, falls dieser bereits verstorben ist. Jedes Mal, wenn ein Weihrauchopfer dargebracht wird, verneigt sich der Roshi und wirft sich drei Mal auf dem Boden nieder. Währenddessen rezitieren die Mönche drei Mal ein kurzes Dharani-Sutra, das Kwannon Bosatsu (Avalokitesvara) gewidmet ist, und dann ein Mal die spirituelle Ermahnung, die vom Gründer des Klosters oder von einem der großen alten Meister hinterlassen wurde, oder das Lied der Meditation *(Zazen Wasan)* von Hakuin. Die Rezitation wird durch das *mokugyo* unterbrochen, ein großes, kugelförmiges Holzgerät, dessen Innenseite ausgehöhlt und auf dessen Außenseite ein Fischmuster geschnitzt ist (Illustrationen im Anhang). Es wird mit einem kurzen Stock angeschlagen, dessen eines Ende mit einem wattierten Stück Leder umwickelt ist. Der Klang trägt dazu bei, den Geist der Zuhörer für die anschließende Rede empfänglich zu machen.

Nun steigt der Roshi auf den hohen Stuhl, der dem Buddha-Schrein zugewandt ist, und einer der Diener stellt ein Lesepult davor, der andere eine Tasse Tee. (Tafel 31) Wenn das Lehrbuch *Lin-chi Lu* (Sprüche des Rinzai) ist, wird der Roshi so beginnen:

Wo Joji, der Gouverneur dieses Bezirks, bat zusammen mit seinen Offizieren den Meister (Rinzai), seinen Platz einzunehmen. Der Meister bestieg die Plattform und sagte: Es war für mich heute unvermeidlich, die Freundlichkeit des Gouverneurs und anderer nicht anzunehmen. Ich konnte nicht anders, als den menschlichen Gefühlen nachzugeben und mich nun auf dieser Kanzel wiederzufinden. Wenn ich die große Erfahrung in Übereinstimmung mit der Tradition unserer alten Väter darlegen würde, gäbe es überhaupt keine Notwendigkeit, meinen Mund zu öffnen; denn da ist kein Platz für irgendjemanden, seine Füße hineinzustecken. Aber um die beharrliche Bitte des Gouverneurs zu respektieren, werde ich Ihnen heute in meiner Behandlung der Wahrheit des Zen nichts verheimlichen. Gibt es in dieser Versammlung einige, die wie große Generäle die Armee in Schlachtordnung aufstellen und ihre Banner für den guten Kampf hissen? Ich werde vor der Versammlung für sie Zeugnis ablegen.

Ein Mönch fragte: Was ist die letzte Wahrheit des Buddhismus? Der Meister gab einen *Kwatz!*-Schrei von sich. Der Mönch verbeugte sich. Der Meister sagte: Der ehrwürdige Bruder kann seinen Standpunkt in der Kontroverse halten. Der Mönch fragte: Wessen Melodie spielst du und welcher Schule gehörst du an? Der Meister sagte: Als ich in Huang-po war, stellte ich ihm drei Mal eine Frage und wurde drei Mal von ihm geschlagen. Der Mönch zögerte. Daraufhin gab der Meister ein *Kwatz!*, dem sofort ein Schlag folgte und diese Worte: Unmöglich ist es, Nägel im leeren Raum zu befestigen.

Ein Mönchsgelehrter trat vor und fragte: Das Dreifache Fahrzeug und die Zwölf Abteilungen – erläutern sie nicht alle die Buddha-Natur? Der Meister sagte:

Das wuchernde Unkraut ist noch nie abgemäht worden. Der Gelehrte sagte: Der Buddha kann kein Betrüger sein. Der Meister fragte nach: Wo ist der Buddha? Der Gelehrte blieb still. Der Meister sagte: Es hat keinen Sinn, mich vor dem Gouverneur zu verwirren. Seien Sie so schnell wie möglich und geben Sie Ihren Platz auf, denn andere könnten folgen. Der Meister fuhr dann fort: Wir sind heute hier versammelt, um das eine große Ereignis zu feiern. Jeder, der mir Fragen stellen möchte, soll vortreten und nicht zögern. Aber in dem Moment, in dem ihr versucht, etwas zu sagen, rutscht ihr von der Tafel. Warum ist das so? Wisst ihr nicht, dass der Buddha gesagt hat, dass der Dharma jenseits von Worten liegt, weil er nicht dort zu suchen ist, wo Kausalität herrscht? Dass ich heute hier erschienen bin, um die Sache noch verworrener zu machen, liegt daran, dass ihr nicht genug Vertrauen habt. Ich fürchte, ich habe genug getan, um den Gouverneur und seine Beamten daran zu hindern, einen klaren Einblick in die Buddha-Natur zu bekommen. Es ist das Beste für mich, mich jetzt zurückzuziehen. Der Meister gab nun ein *Kwatz!* und sagte: O ihr kleingläubigen Menschen! Für euch gibt es Arbeit ohne Ende. Ich habe euch zu lange stehen lassen. Lebt wohl.

Handelt es sich bei dem Lehrbuch um das *Hekigan Roku*, wird die Rede des Roshi etwa so aussehen:

Wenn man auf der anderen Seite des Hügels Rauch sieht, weiß man sofort, dass dort ein Feuer brennt.

Wenn man ein Paar Hörner auf der anderen Seite des Zauns bemerkt, weiß man, dass dort eine Kuh weidet. Es ist eine alltägliche Angelegenheit für einen Mönch mit einem gewissen Maß an Intelligenz, die ganze Situation zu erfassen, selbst wenn er nur einen Blick auf eine Ecke werfen darf.

Wenn alle Ströme abgeschnitten sind, d. h. wenn der Zustand der absoluten Leere verwirklicht ist, ist ein Mensch in der Lage, sich in jede mögliche Richtung zu bewegen, jenseits aller begrifflichen Begrenzungen, die uns aufgrund unserer Vorstellungskraft und unseres Unterscheidungsvermögens auferlegt sind. Wessen Verhalten kann das sein, wenn so etwas überhaupt erreichbar ist? Sehen wir uns an, was Hsüeh-tou uns als Beispiel für einen solchen Meister gibt.

Kaiser Wu aus der Liang-Dynastie fragte Bodhidharma, den großen Lehrer: Was ist das erste Prinzip der Heiligen Lehre? Bodhidharma antwortete: In der Weiten Leere gibt es nichts, was als heilig bezeichnet werden könnte. Der Kaiser fragte erneut: Wer ist er denn, der mir jetzt gegenübersteht? Bodhidharma sagte: Ich weiß es nicht. Der Kaiser verstand den Sinn nicht, und schließlich überquerte Bodhidharma den Fluss und ging in das Königreich Wei. Später erzählte der Kaiser Chih-kung von diesem Gespräch mit Bodhidharma. Chih-kung fragte: Kennt Ihr diesen Mann? Der Kaiser gestand seine Unwissenheit und sagte: Ich kenne ihn wirklich nicht.

Chih-kung sagte: Er ist ein Kwannon Bosatsu, der versucht, das Siegel des Buddha-Geistes zu übertragen. Der Kaiser war betrübt und wollte einen Gesandten zu Bodhidharma schicken. Aber Chih-kung sagte: Es ist sinnlos für Eure Majestät, nach ihm zu schicken. Selbst wenn alle Menschen in diesem Land hinter ihm herlaufen, wird er nicht zurückkehren. Hier ein poetischer Kommentar:

Die heilige Wahrheit ist die Weite Leere selbst,
wo kann man ihre Zeichen aufzeigen?
Wer ist derjenige, der mir entgegentritt?
Ich kenne die Antwort nicht.
In der Dunkelheit überquerte er den Fluss.
Aber was für dornige Dornensträucher
  nach ihm gewachsen sind!
Verfolgt von der gesamten Bevölkerung des Landes,
gibt es für ihn kein Zurück mehr.
In kommenden Zeiten denken wir vergeblich an ihn;
nein, wir wollen ihn vergessen.
Eine erfrischende Brise fegt über die Erde
  bis in ihre entlegensten Winkel.

Chih-kung wandte den Kopf, schaute sich um und fragte: Gibt es hier einen Patriarchen unter uns? Die Antwort kam von ihm selbst: Ja, hier ist er. Wenn ja, dann soll er hierher kommen, denn ich möchte, dass er mir die Füße wäscht.

Am Ende der *Koza*, die etwa eine Stunde dauert, rezitiert die gesamte Zuhörerschaft die Vier Großen

Gelübde, und die Mönche kehren in derselben geordneten Weise wie zuvor in ihre eigenen Unterkünfte zurück. Die Gelübde sind:

Wie zahllos die fühlenden Wesen auch sein mögen, ich gelobe, sie zu retten.
Wie unerschöpflich die Leidenschaften auch sein mögen, ich gelobe, sie auszulöschen.
Wie unermesslich die Dharmas auch sein mögen, ich gelobe, sie zu studieren.
Wie unvergleichlich die Buddha-Wahrheit auch sein mag, ich gelobe, sie zu erlangen.

3

Das Ziel von *Zazen* oder Meditation im Leben eines Zen-Mönchs ist es, das *Prajna*-Auge zu öffnen. Wie wir im *Prajnaparamita-Sutra* lesen, sind alle anderen Tugenden ohne das *Prajna*-Auge unfähig, irgendetwas zu vollbringen, denn es fehlt ihnen das, was den Sinn der Dinge im Allgemeinen sieht. Der Mönch muss daher auf jeden Fall die Waage mit Hilfe seines Koans auswuchten, einer Art Frage, die ihm zum Lösen gegeben wird. Wenn ein Koan erfolgreich gelöst wurde, wird ein weiteres gegeben, bis der Meister vollkommen zufrieden ist mit dem Verständnis des Mönchs. Es gibt eine große Anzahl solcher Fragen, die für diesen Zweck zur Verfügung stehen. Aber wenn ein Koan in einer sehr durchdringenden Weise erfasst wird, stellen alle anderen kein wesentliches Hindernis für die endgültige Zen-

Verwirklichung dar. Die Koan-Übung ist das wichtigste Element im Zendo-Leben.

Es wird eine bestimmte Körperhaltung empfohlen, obwohl die Koan-Übung bei jeder Arbeit und in jeder körperlichen Position ausgeführt werden kann; denn Zen hat nichts mit der Form des Körpers zu tun, ob er sitzt oder liegt, geht oder still steht. Aus praktischen Gründen wird jedoch die folgende Haltung als förderlich für die Erlangung der geistigen Haltung angesehen, die für die Zen-Erfahrung günstig ist. (Tafel 32)

Wenn ein Mann meditieren möchte, sollte er sich in einen ruhigen Raum zurückziehen, wo er ein dickes, wattiertes Kissen für seinen Sitz vorbereitet und seine Kleidung und seinen Gürtel locker um seinen Körper legt. Dann nimmt er seine angemessene formale Haltung ein. Das heißt, er sitzt mit vollständig gekreuzten Beinen, indem er den rechten Fuß auf den linken Oberschenkel und den linken Fuß auf den rechten Oberschenkel legt. Manchmal ist die Haltung mit halb gekreuzten Beinen erlaubt; in diesem Fall lässt man einfach das linke Bein über dem rechten Oberschenkel ruhen. Als Nächstes legt er die rechte Hand mit der Handfläche nach oben über das linke Bein und darüber die linke Hand, wobei die Daumen über der Handfläche gegeneinander gedrückt werden. Nun hebt er den ganzen Körper langsam und ruhig an, bewegt ihn immer wieder nach links und rechts, nach hinten und vorne, bis der richtige Sitz und die gerade Haltung gewährleistet sind. Er achtet darauf, sich nicht zu sehr nach einer Seite zu neigen, weder nach links noch nach rechts, weder nach vorne noch nach hinten; seine Wirbelsäule steht aufrecht, Kopf, Schultern, Rücken und Lenden stützen sich gegenseitig wie eine *Chaitya* (Schrein). Es wird ihm jedoch geraten, nicht zu aufrecht oder starr zu sitzen, denn dann wird er sich bald unwohl fühlen. Das Wichtigste für den Sitzenden ist, dass seine Ohren und Schultern, seine Nase und sein Bauchnabel in einer vertikalen Ebene zueinander stehen, während seine Zunge am oberen Gaumen anliegt und seine Lippen und Zähne fest geschlossen sind. Die Augen sollen leicht geöffnet sein, um nicht einzuschlafen. Wenn die Meditation fortschreitet, wird die Weisheit dieser Praxis offensichtlich werden. Große Meister der Meditation haben von alters her ihre Augen offen gehalten. Wenn die Position gefestigt und die Atmung regelmäßig ist, kann der Sitzende nun eine etwas entspannte Haltung einnehmen. Er soll sich nicht mit guten oder schlechten Gedanken beschäftigen. Er soll sich auf das Koan konzentrieren, das darin besteht, das Undenkbare zu denken, indem man über den Bereich des Denkens hinausgeht. Wenn die Übung über einen ausreichenden Zeitraum aufrechterhalten wird, werden störende Gedanken auf natürliche Weise aufhören, sich durchzusetzen, und es wird ein Zustand des Einsseins herrschen, der jedoch nicht begrifflich zu verstehen ist.

Im Zendo sitzen sich alle Mönche entlang der *tan* gegenüber. Die Praxis der Soto-Schule ist jedoch genau umgekehrt: Anstatt einander gegenüber zu sitzen, sitzen die Mönche einer *tan* mit dem Rücken zu denen der gegenüberliegenden *tan.* Wenn sie nicht gerade mit der Arbeit im Freien beschäftigt sind oder wenn es ihnen erlaubt ist, sich um ihre persönlichen Angelegenheiten zu kümmern, findet man sie immer in ihrem Zendo in Meditation sitzend.

In der Regel gibt es ein Mal im Monat eine besondere Zeit, und zwar von Mai bis August und von November bis Februar. Diese Periode, genannt Großes *Sesshin*, dauert eine Woche. *Sesshin* bedeutet „Gedanken sammeln"; während dieser Zeit sind die Mönche von der Arbeit befreit und praktizieren Zazen vom frühen Morgen (3:30 Uhr) bis zum Abend (21:30 oder 22:00 Uhr), außer wenn sie essen und dem *koza* beiwohnen, das jetzt ein Mal pro Tag stattfindet.

Ohne das, was als *sanzen* bezeichnet wird, trägt Zazen keine Früchte. *Sanzen* bedeutet, dass der Mönch den Meister aufsucht und ihm seine Ansichten über das Koan darlegt. Normalerweise geschieht dies zwei Mal am Tag, aber während des Großen *Sesshin* müssen die Mönche den Meister mindestens vier Mal am Tag sehen. Wenn sie aber keine besonderen Einsichten dem Meister zu präsentieren haben, ist es nicht nötig, dass sie *sanzen* machen.

Diese Art von *sanzen* wird *dokusan* genannt, individuelles oder freiwilliges *sanzen.* Beim *sosan* darf jedoch kein Mönch dem Meister fernbleiben. (Tafel 33) *Sosan* bedeutet allgemeines *sanzen.* Dies wird drei Mal während des *Sesshin* erzwungen.

Wenn die Glocke am Quartier des Meisters läutet, gehen die Mönche, die eine Antwort vorbereitet haben, einzeln durch die Eingangstür hinaus. Das Zen-Gespräch mit dem Meister findet in seinem eigenen Zimmer statt. Bevor ein Mönch dieses betritt, schlägt er die Glocke und kündigt sein Kommen an. (Tafel 33) Er kann auf denjenigen treffen, der ihm vorausgegangen ist und sich nun auf dem Rückweg befindet. Er verbeugt sich am Eingang des Raumes, in dem der Meister ruhig wie ein kauernder Löwe sitzt und den Mönch erwartet.

Sobald er in diesem Raum ist und alle Verbeugungen hinter sich gebracht hat, ist der Mönch bereit, sich so zu verhalten, wie es seiner Ansicht nach am besten ist. Kein Konventionalismus wird ihn daran hindern, dem Meister einen Schlag oder einen Tritt zu versetzen. Der Meister seinerseits kann den voreingenommenen Mönch schlagen und ihn mit aller Gewalt aus dem Raum jagen.

Das daraus resultierende Durcheinander ist sogar im Warteraum zu hören, in dem sich die Mönche versammeln und jeder darauf wartet, dass er an der Reihe ist. (Tafel 34)

In der Zwischenzeit kann im Zendo eine andere Art von Verwirrung herrschen. Anlässlich des *sosan,* oder wenn die älteren Mönche die Zeit für reif halten, werden sie diejenigen Mönchsbrüder zum *sanzen* drängen, die zu oft davon fernbleiben. Es ist eine der schwierigsten Erfahrungen im Leben eines jungen Mönchs, von seinen Älteren so gedrängt zu werden. Er meidet das Gespräch mit dem Meister nicht absichtlich: er will ihn wirklich sehen und sein Koan zufriedenstellend gelöst bekommen; er hat fast seine ganze Energie in dem Bemühen erschöpft, zu diesem glücklichen Ergebnis zu kommen. Aber er hat nichts mehr zu sagen; er weiß nicht, wie er aus der Sackgasse herauskommen soll, er kennt keinen Weg, um vorwärts zu gehen, und keinen Weg, um den Rückzug anzutreten; er fühlt sich wieder, als ob er tief in einen dichten Nebel eingehüllt wäre.

In der Psychologie des Zen ist dies der kritische Moment, und wenn der verwirrte Mönch sich nicht zu etwas Verzweifeltem entschließt, wird es für ihn keinen weiteren Zugang geben. Um ihm dabei zu helfen, werden die Älteren physische Gewalt anwenden, um ihn von der *tan* herunterzuziehen oder ihn von dem Pfosten oder der Tür wegzureißen, an die er sich mit aller Kraft klammert. Inmitten der ruhigen, feierlichen Atmosphäre der Meditationshalle wird sich eine Szene regelmäßiger Ringkämpfe abspielen. (Tafel 35)

Es liegt auf der Hand, dass der Durchbruch durch die psychologische Krise, die man beim Studium des Zen erlebt, häufig eine emotionale Erregung höchsten Grades erfordert. Das Zen ist voll von solchen Beispielen, und die Meister werden nicht müde, ihren Anhängern zu raten, ihre psychischen Energien bis zum Äußersten anzustrengen.

Suiwo war einer der großen Schüler von Hakuin. Er hatte einen Mönch aus Ryuku, der das Koan der einen Hand zu lösen wünschte. Dieser blieb drei Jahre lang bei seinem Meister, aber keine Erleuchtung kam über ihn. Er war sehr beunruhigt, weil er unmöglich länger als drei Jahre bei seinem Meister bleiben konnte. Seine Enttäuschung kannte keine Grenzen. Er konnte nicht daran denken, ohne eine neue spirituelle Perspektive auf seine Heimatinsel zurückzukehren, die jenseits des südwestlichen Endes von Japan liegt. Suiwo tröstete ihn mit den Worten: Sei nicht betrübt, sondern kehre an deinen Platz zurück und widme dich in der kommenden Woche ausschließlich der Beherrschung des Koan. Als die Woche vorüber war, erschien der Mönch vor Suiwo, ohne ihm etwas zu zeigen. Der Meister sagte: Mach dir nichts draus, aber fahre mit deinem Zazen eine weitere Woche fort, und du wirst dieses Mal sicher eine Einsicht haben. Der Mönch befolgte den Rat treu. Doch am Ende der Woche war er wieder derselbe alte Mönch ohne jede Erfahrung. Der Meister ließ sich jedoch nicht entmutigen und sagte ihm, er solle es noch eine weitere Woche lang versuchen, indem er Beispiele einiger alter Meister zitierte. Der Mönch ging mit neuem Mut in sein Quartier zurück. Die dritte Woche verging, aber ohne Ergebnis. Er war nun der unglücklichste Mensch der Welt. Völlig niedergeschlagen im Geiste, bat er den Meister um ein Mittel, das ihn aus den unlösbaren Schwierigkeiten, die ihm entgegenschlugen, heraushelfen könnte. Der Meister war offenbar noch nicht am Ende seiner Kräfte; er sagte dem Mönch, er solle es dieses Mal mit einem *Sesshin* von fünf statt sieben Tagen versuchen.

Die fünf Tage vergingen wie die vorangegangenen sieben Tage, und der Mönch war natürlich fast am Ende seiner Kräfte. Darüber hinaus blieb ihm nichts anderes übrig, als seinen Atem entweder aus Verzweiflung oder aus Verzagtheit aufzugeben. Der Meister sagte nun zu ihm: Wenn du nach so vielen Wochen der Meditation zu keinem Ergebnis kommst, dann beschränke deine Zeit jetzt auf drei Tage, bemühe dich mit aller psychischen Kraft, die in dir steckt, um die Lösung des Koan, und wenn du dann immer noch scheiterst, ist der Tod der einzige Weg, der dir jetzt bleibt. Der Mönch fasste den Entschluss, wie es ihm der Meister gesagt hatte. Am dritten Tag ging ihm tatsächlich ein Licht auf, und er drang endlich in die Bedeutung der Einen Hand ein. Vielleicht war der Meister ein glücklicher Mann, nicht weniger als der Mönch selbst.

Die christlichen Theologen mögen ihre eigene Lehre haben, um diese Art von Erfahrung zu erklären, und auch ihre eigene Art, sie herbeizuführen. Aber psychologisch gesehen ist der Prozess wohl bekannt, und die Zen-Meister geben aus ihrer eigenen Erfahrung heraus Ratschläge, um das zu erreichen, was man den Zen-Bewusstseinszustand nennen kann. Der Meister Pan-jo hat folgende Ratschläge:

Wenn dein Geist beständig und intensiv und ohne Unterbrechung auf das Koan gerichtet ist, wirst du anfangen, dir deiner körperlichen Existenz nicht mehr bewusst zu sein, während das Koan das Zentrum deines Bewusstseins einnimmt. In diesem Stadium musst du jedoch aufpassen, dass du dich nicht der Bewusstlosigkeit hingibst, denn du bist manchmal geneigt, dich wie in einem Traum zu verirren und einen Zustand des Wahnsinns herbeizuführen. Lass das Koan nie aus den Augen, lass es immer in deinem Bewusstsein präsent sein. Es wird der Zeitpunkt kommen, an dem zusammen mit dem Koan alles aus deinem Geist verschwindet, auch der Geist selbst. Genau in diesem Augenblick, wie wenn eine Bohne in kalter Asche aufplatzt, erkennt man, dass Li beschwipst wird, während Chang trinkt.

Der Rat von Ku-mei Yu lautet: Zu Beginn deiner Übung musst du deinen Elan wecken und fest entschlossen sein, mit deiner Aufgabe fortzufahren. Ergreife alles, was du bisher verstanden oder gelernt hast, zusammen mit deinem buddhistischen Wissen, deinen literarischen Leistungen und deiner geschickten Wortwahl, und wirf es ein für alle Mal in den großen Ozean, ohne je wieder daran zu denken. Sammle vierundachtzigtausend Gedanken auf einem Sitz, die in jeden verborgenen Winkel deines Bewusstseins eindringen, hocke dich darauf und bemühe dich, dein Koan immer vor deinem Geist zu halten. Wenn du es einmal vor deinen Geist gehoben hast, lass es nicht mehr los; versuche mit aller Beharrlichkeit, die du in dir findest, die Bedeutung des dir gegebenen Koans zu ergründen, und schwanke nicht ein einziges Mal in deiner Entschlossenheit, der Sache auf den Grund zu gehen. Behalte dies bei, bis ein Zustand des *Satori* über dein Bewusstsein hereinbricht. Stelle keine Vermutungen über dein Koan an; suche nicht in der Literatur, die du gelernt hast, nach seiner Bedeutung; gehe geradewegs darauf zu, ohne dich auf irgendeine Art von vermittelnder Hilfe zu stützen; denn nur auf diese Weise kannst du dir dein eigenes Zuhause schaffen.

Nach Pu-yen Tuan-an ist das Folgende die Methode, um den eigenen endgültigen Aufenthaltsort zu erreichen: Alle Dinge sind auf das Eine reduzierbar, und worauf ist dieses Eine reduzierbar? Behalte dieses Koan in deinem Geist und erlaube dir niemals zu denken, dass Ruhe oder ein Zustand der Bewusstlosigkeit die unabdingbare Voraussetzung für deine Koan-Übung sind. Wenn du dich in deinem Geist verwirrt fühlst, so dass deine Aufmerksamkeit sich weigert, ihren eigenen Weg zu gehen, dann versuche nicht, sie durch einen Gedanken wieder zu sammeln, sondern rufe deinen Geist auf und halte dein Koan mit allen Mitteln vor dir. Mut und Entschlossenheit sind in diesem Moment am meisten gefragt.

Wenn du dich aber immer noch dumpf und verwirrt fühlst und nicht in der Lage bist, den Gedanken zu fokussieren, steige von der *tan* herunter und gehe eine Zeit lang etwas zügig. Nach einer Weile wirst du dich sehr erfrischt fühlen, dann kommst du auf dein Kissen zurück und setzt deine Übung fort. Plötzlich stellt sich ein Bewusstseinszustand ein, in dem dein Koan von selbst vor deinem Geist auftaucht, nach seiner eigenen Lösung fragt und sich weigert, aus dem Zentrum deiner Aufmerksamkeit zu verschwinden. Du weißt dann nicht, ob du gehst oder sitzt, dein Forschergeist allein nimmt das ganze Feld ein. Dies wird das Stadium der Leidenschaftslosigkeit oder der Ichlosigkeit genannt, aber dies ist noch kein endgültiger Zustand; es bedarf noch einer weiteren kräftigen Peitsche, und du musst dich doppelt anstrengen, um zu sehen, wohin das Eine schließlich zu reduzieren ist.

In diesem Stadium spürst du keinen definitiven Fortschritt bei der Aufhebung des Koans. Der Geist der Untersuchung arbeitet so intensiv an seinem eigenen Weg, dass es keine bewusste Anstrengung deinerseits gibt, die Koan-Übung fortzusetzen. Nach einer Weile wird auch dies weggefegt, und man gelangt in einen Zustand der Bewusstlosigkeit, in dem es weder das Koan noch denjenigen gibt, der es hält. Dies ist das sogenannte Stadium der Objektlosigkeit. Ist es ein endgültiges Stadium? Nein, auf keinen Fall. So sagt ein alter Meister: Glaubt nicht, dass der Zustand der Bewusstlosigkeit die Wahrheit selbst ist, denn es gibt noch eine andere Grenze, die jetzt durchbrochen werden muss.

Während du dich in diesem Geisteszustand befindest, hörst du zufällig ein Geräusch oder siehst einen Gegenstand, und das Ganze findet ein plötzliches Ende; du hast endlich die letzte Wirklichkeit berührt. In diesem Moment bleibt dir nichts anderes übrig, als in ein lautes Lachen auszubrechen. Du hast eine letzte Wendung vollzogen und weißt in Wahrheit, dass, wenn die Kuai-chou-Kuh das Gras abweidet, das I-chou-Pferd seinen Magen gefüllt findet.

Aus all diesen Ratschlägen, die gleichzeitig Aufzeichnungen der von den Zen-Meistern durchlebten Erfahrungen sind, können wir erkennen, was die Koan-Übung bedeutet und wohin das Zendo-Leben uns führt. Die Mönche vertrödeln ihre kostbare Zeit nicht im Kloster. Sie werden hier auf besondere Weise geschult, um ihre moralischen und spirituellen Kräfte zu entwickeln und in die Geheimnisse ihres Wesens zu sehen. Wenn all dies im rechten Licht betrachtet wird, können wir die wahre Bedeutung des Zendo-Lebens schätzen, das in einer Weise abläuft, die so sehr im Gegensatz zu den modernen Trends des Denkens und des gewöhnlichen Lebens steht.

4

Während eines großen *Sesshin* herrscht eine allgemeine Anspannung der Nerven. Obwohl der Sinn einer solchen Einrichtung manchmal problematisch erscheint, gibt es keinen Zweifel daran, dass sie denjenigen, die zum ersten Mal in das Zendo-Leben eintreten, immens gut tut. Auf die Entwicklung der Koan-Übung folgt unweigerlich die Einrichtung des *Sesshin.* Wie dem auch sei, die periodisch auftretende nervliche Belastung ist eine gute praktische Disziplin für alle jungen Männer, ob sie Zen-Anhänger sind oder nicht.

Dass die so genannte Meditation, die im Zusammenhang mit der Koan-Übung praktiziert wird, nicht dasselbe geistige Training ist, wie es im Westen allgemein verstanden wird, dürfte nun allen klar sein, die die vorangegangenen Seiten studiert haben. Das heißt, Zazen zu praktizieren ist nicht dasselbe wie Meditation zu praktizieren. Da so viel psychische Energie auf das Aufheben des Koans konzentriert ist, wird auch die physische Seite unserer Existenz stark beansprucht, und das Ergebnis ist, dass die Muskeln verkrampft und die Nerven zu sehr angespannt werden. Um den Mönch von dieser Art von Unbehagen zu befreien, werden seine Schultern häufig mit einem Stock geschlagen, der

Keisaku genannt wird, was so viel wie Ermahnungsstab bedeutet. Der Stab wird auch verwendet, um zu verhindern, dass ein Mönch beim Sitzen in der Meditation einschläft. Während der Zazen-Stunden steht ein Mönch mit dem *Keisaku* am Ende einer der beiden *tan* und hat ein wachsames Auge auf seine Mönchsbrüder. (Tafel 36)

Die Mönche, die an ihren Koans verzweifeln, schleichen sich oft leise aus dem Zendo und verbringen die Nacht im Freien, manchmal auf einem flachen Felsen, der sich in der Nähe des Zendo befindet, oder manchmal auf der Veranda eines Gebäudes oder in der Höhle, die wahrscheinlich einst der bevorzugte Rückzugsort des Klostergründers war. (Tafel 37)

Im Zendo sind keine Bücher erlaubt, es sei denn, sie werden unbedingt benötigt, zum Beispiel wenn die Mönche eine Passage nachschlagen müssen, die ihr Verständnis eines Koan ausdrückt. Dies verlangt der Meister von ihnen, wenn sie ein Koan erfolgreich gelöst haben. Ein Buch namens *Kuzoshi* oder *Zenrin Kushu* enthält verschiedene Arten von Passagen, die sich auf das Zen beziehen. Es ist eines der Vademekums, das alle Zen-Schüler - Mönche und Laien - mit sich führen müssen. Diese Praxis des regelmäßigen Nachschlagens von Passagen aus der alten Literatur hilft den Mönchen sehr, sich mit der literarischen und kulturellen Phase des Zen-Lebens vertraut zu machen. In früheren Zeiten war dies ein

Teil der liberalen Erziehung der Mönche, denen beigebracht wurde, das Bücherlesen zu verachten, und die daher zu einseitig und voreingenommen gegenüber den alten, von ihren Vorgängern hinterlassenen Überlieferungen wurden. Wenn sie sich durchs *Kuzoshi* oder andere Bücher wälzen müssen, gehen sie aus dem Zendo und blättern eilig im dunklen Licht in der Nähe der Toilette. (Tafel 38) Auf jeden Fall sind die Zen-Mönche auch heute noch unvernünftig gegenüber Büchern und die auf ihrem Studium basierende Kultur eingestellt. Dies ist sicherlich das Ergebnis ihrer Zendo-Ausbildung.

Das Zen mag manchmal zu weit gehen, wenn es vom Studium der buddhistischen Literatur abrät oder wissenschaftliche Errungenschaften abwertet, aber diese Abneigung oder Abwertung war die traditionelle Politik seiner Meister. Es besteht kein Zweifel daran, dass diese Politik, trotz ihrer manchmal unangenehmen Folgen, eine erfrischende Atmosphäre in das konventionelle buddhistische Leben gebracht hat.

Einem Hüter des Tripitaka fiel einmal ein Mönch auf, der eine Zeit lang ruhig in seinem Bibliotheksgebäude saß. Er fragte ihn: Warum liest du nicht die Sutras? – Ich kenne die Buchstaben nicht, antwortete der Mönch. Wenn das so ist, warum bittest du dann nicht jemanden, dich zu unterrichten? So beraten, stand der Mönch respektvoll auf, hielt die Hände vor die Brust und sagte: Bitte sag mir, was das für ein Zeichen ist. Und sag mir bitte, was dies für ein Zeichen ist. Der Bibliothekar konnte ihn nicht aufklären.

Wang, ein Regierungsbeamter, besuchte das Kloster von Lin-chi (Rinzai). Als sie das Gelände betraten, fragte Wang: Lesen die Mönche hier die Sutras? – Nein, das tun sie nicht, antwortete Rinzai. – Studieren sie dann Zen? – Nein, das tun sie nicht. – Wenn sie weder die Sutren lesen noch Zen studieren, was machen sie dann hier? – Sie werden alle zu Buddhas und Vätern gemacht werden. – Selbst kostbare Goldstaubpartikel erweisen sich als verhängnisvoll, wenn sie in die Augen gelangen. Was sagen Sie dazu? – Ich dachte, Sie wären nur ein Laie, war Rinzais Kommentar.

Ein Mönch kam zu Yu von Tien-kai und fragte: Ich möchte die Sutren lesen, was würdet Ihr mir dazu raten? Der Meister bemerkte: Glaubst du, ein großer Kaufmann würde sich um ein paar Cent scheren?

Ein Mönch fragte Yeh-hsien: Ist es ratsam, die Sutren zu lesen oder nicht? Der Meister antwortete: Hier gibt es keine Nebenstraßen, keine Kreuzungen; die Berge sind das ganze Jahr über frisch und grün; nach Osten oder Westen, in welche Richtung auch immer kann man einen schönen Spaziergang machen. Der Mönch sagte: Ich möchte von dir noch etwas Bestimmtes lernen. – Es ist nicht die Schuld der Sonne, wenn die Blinden ihren Weg nicht sehen können, schloss der Meister.

Pang, der große Laie des Zen, besuchte einmal den Vortrag eines buddhistischen Gelehrten über die *Vajracchedika.* Als der Gelehrte begann, über die *Prajna*-Philosophie des Nicht-Ich und der Nicht-Persönlichkeit zu sprechen, fragte Pang: Wenn es weder ein Ich noch eine Persönlichkeit gibt, wer hält dann den Vortrag und wer ist das Publikum? Der Gelehrte gab keine Antwort, woraufhin Pang sagte: Ich bin zwar nur ein Laie, weiß aber ein oder zwei Dinge über die letzte Wahrheit der buddhistischen Lehre. Gedrängt, sich zu äußern, fuhr er fort:

Kein Ich, und wiederum keine Persönlichkeit: Es gibt weder Subjekt noch Objekt. Ich rate Ihnen: Hören Sie auf, weitere Vorträge zu halten. In der *Prajna* (Weisheit) selbst, die als *Vajra* (Diamant) bekannt ist, gibt es nicht ein Staubkorn, das sie verunreinigt, vom Anfang bis zum Ende. Das ganze Sutra ist nicht mehr als Worte.

Koan-Übungen, die gegenwärtig die vorherrschende Methode sind, um Zen zu meistern, erfordern viele Jahre intensiver Anwendung. Natürlich gibt es nicht viele Absolventen des Zendo-Lebens, das liegt in der Tat in der Natur des Zen; denn Zen ist für die Elite, für besonders begabte Geister, und nicht für die Massen gedacht. Das war schon immer so, aber ganz besonders gilt das für die heutige Zeit, in der die Demokratie in allen Bereichen des menschlichen Lebens vorherrscht. Die so genannte Standardisierung findet überall statt, was bedeutet, dass die Ungleichheiten und Klassenunterschiede nivelliert oder gemittelt werden. Solange die Aristokratie in der einen oder anderen Form nicht zugelassen und bis zu einem gewissen Grad gefördert wird, werden die künstlerischen Impulse unterdrückt, und es werden keine religiösen Genies hervorgebracht werden. Institutionen wie das Zendo werden anachronistisch und veraltet; ihre Tradition nutzt sich ab, und der Geist, der die Disziplin der Mönche seit so vielen hundert Jahren kontrolliert hat, hält dem Ansturm der Moderne nicht mehr stand. Natürlich gibt es immer noch Mönche und Meister in den Klöstern in ganz Japan, aber wie viele von ihnen sind in der Lage, auf die spirituellen Bedürfnisse der modernen Jugend einzugehen und sich an die sich ständig verändernde Umgebung anzupassen, die durch Wissenschaft und Maschinen geschaffen wird?

Wenn die Gefäße zerbrochen werden, wird auch der Inhalt verschüttet. Die Wahrheit des Zen muss irgendwie inmitten der prosaischen Flachheit und der seichten Sensationslust des heutigen Lebens bewahrt werden.

Das Zendo-Leben wird nicht nur dann als abgeschlossen betrachtet, wenn die Wahrheit von *shunyata* intuitiv erfasst wird, sondern wenn diese

Wahrheit in jeder Phase des praktischen Lebens mit seinen zahlreichen Prüfungen, Pflichten und Komplikationen demonstriert wird, und wenn ein großes Herz der *karuna* (Liebe) erwacht, so wie der Regen auf die Ungerechten wie auf die Gerechten fällt oder wie die steinerne Brücke von Chao-chou von allen möglichen Wesen betreten wird, von Pferden, Eseln, Tigern, Schakalen, Schildkröten, Hasen, Menschen usw. Dies ist die größte Leistung, die der Mensch auf Erden vollbringen kann, und man kann nicht von jedem von uns erwarten, dass er dazu fähig ist; aber es schadet nicht, wenn wir unser Äußerstes tun, um uns dem Ideal der Bodhisattva-Gemeinschaft anzunähern, wenn nicht in einem Leben, so doch in den kommenden Leben über *kotis* von *kalpas* hinweg. Wenn etwas von diesem Ideal fest erfasst ist, verlässt der Mönch den Zendo (Tafel 39) und beginnt sein wirkliches Leben unter seinen Mitmenschen, als Mitglied der großen Gemeinschaft, die als Welt bekannt ist. Wie wir auf dem Bild sehen, kommt die ganze Bruderschaft heraus, um einen solchen graduierenden älteren Mönch vom Klostertor zu verabschieden. Die Szene ist jetzt ganz anders.

Als er sich zum ersten Mal um die Aufnahme in die Gemeinschaft bewarb, wurde er fast als *Persona non grata* betrachtet, und man behandelte ihn mit aller Härte. Aber er hat die Wellen erfolgreich gemeistert, den Sturm geritten und schließlich den sicheren Hafen erreicht, und er ist bereit für seine Mission unter seinen Mitmenschen, die er in der Form erfüllen wird, die er für am zweckmäßigsten hält. Solche Menschen werden in der Tat auch von der Außenwelt mit großer Begeisterung begrüßt.

5

Das Zen, das inmitten von Naturmystikern und geborenen Metaphysikern entstanden ist, scheint kein religiöses Gefühl oder den emotionalen Aspekt des religiösen Lebens zu haben. Zumindest was seine literarischen Ausdrucksformen betrifft, ist Zen reich an Anspielungen auf Objekte der Natur und an Aussagen, die auf philosophische Distanz schließen lassen.

Die Vögel fliegen hoch in der Luft. Die Fische schwimmen und tanzen im Wasser.

Die Wolken schweben friedlich über den Bergen, der Bach fließt eilig unterhalb der Veranda. Der Bambus wächst dicht, die Kiefern ragen hoch, und wie erfrischend grün sind die Berge!

Sieh dir die dampfenden Wolken an, die die Berggipfel verlassen, und lausche dem murmelnden Bach, der tanzend über die Felsen fließt.

Der Mond leuchtet hell und heiter über den Gipfeln, während der Wind durch die Äste der zehntausend Jahre alten Bäume rauscht. (Tafel 40)

Wenn ich anfange, solche Passagen wie diese zu zitieren, wird es kein Ende geben. Die meisten Zen-Meister haben ihr Leben in Bergklöstern verbracht, und es ist ganz natürlich, dass sie auf die umliegenden Landschaften verweisen, wenn sie über Zen befragt werden. Außerdem ist die Natur für den orientalischen Geist etwas sehr Intimes und Anziehendes. Sie spricht ihre innersten Sehnsüchte direkt zu unseren Herzen. Im Wogen eines Grashalms erkennt das intelligente Auge eine Kraft, die über die Wechselfälle des menschlichen Lebens hinausgeht. Der Mond ist nicht nur ein Himmelskörper – ein Objekt der teleskopischen Untersuchung oder der Spektralanalyse –, sondern in ihm scheint ein Licht, das uns in die Ewigkeit der Dinge blicken lässt. Ist dies die Einbildung des Dichters oder nur die Phantasie eines träumenden Geistes? Und doch gibt es viele Seelen, die in diesem Traum Dinge wahrnehmen, die sehr viel wertvoller sind als die sogenannten wissenschaftlichen Erkenntnisse. Ich würde es ungern sehen, wenn diese Art von Geist von der aufkommenden Flut des modernen Rationalismus ausgelöscht würde.

In der Zen-Literatur gibt es einen ausdrucksstarken Begriff namens *kafu* oder *kyogai*. *Kafu* bedeutet wörtlich Haushaltsluft, Hausatmosphäre oder Familientradition. *Kyogai* ist eine Sphäre oder ein Bereich, d. h. ein Gebiet, das von Grenzen umgeben ist. *Kyogai* und *kafu* drücken praktisch dieselbe Idee aus: *Kyogai* hat einen subjektiveren und psychologischen Charakter. *Kafu* ist historisch und kann als eine Art Atmosphäre verstanden werden, die in einer bestimmten Gemeinschaft herrscht. In der Geschichte des Zen wird häufig nach der spirituellen Atmosphäre gefragt, in der sich der Meister bewegt, oder nach der allgemeinen psychologischen Einstellung oder Reaktion, die einen Zen-Meister als solchen kennzeichnet. Dies bedeutet, nach der grundlegenden Lehre des Zen zu fragen, denn wenn wir wissen, wo sich der Aufenthaltsort des Meisters befindet, wissen wir auch, wohin uns Zen letztlich führen will. In den Sutras werden Worte wie *gocara, vihara* oder *sthana* verwendet, um dieselbe Vorstellung zu bezeichnen. Die folgenden Antworten verschiedener Meister, die willkürlich aus den Annalen des Zen entnommen wurden, werden uns helfen, zu erahnen, wo das endgültige Ziel des Zendo-Lebens und der Koan-Übung liegt:

Der Garten ist furchtbar trocken; haltet den Spinat gut feucht.

Der Mond erhebt sich aus dem Meer, seine Strahlen reichen in Weite und Ferne.

Der blaue Himmel und das helle Tageslicht.

Die Frühlingsbrise bläst mir immer noch kalt ins Gesicht; ich frage mich, für wen dieses hell leuchtende Mondlicht ist.

Jedes Mal, wenn es hochgehalten wird, ist es eine neue Sache.

Ich gehöre einer der verachteten Klassen an, deren Stirn breit ist.
Ich bin der Maßstab für die ganze Welt.

Eine einfache Mahlzeit mit Reis und Suppe.

Ein silberner Parfümbeutel hinter dem Brokatschirm lässt die ganze Allee duften, wenn er im Wind weht.

Mit einer Schale und einem Stab bin ich überall zu Hause, wo ich hingehe.

Ernten im Herbst und Sammeln im Winter.

Ein Wort aus dem Mund, und selbst ein Viergespann kann es nicht überholen.

Eine wurzellose Pflanze auf dem Gipfel des Berges; es weht kein Wind, aber sieh, wie sich die Blätter wiegen.

Selbst eine wütend erhobene Faust würde das lächelnde Baby nicht schlagen.

Dieser Körper ist von Kopf bis Fuß keine fünf Cents wert.

Der Leichnam liegt auf den weiten Wellen; seht den Mann, der am helllichten Tag eine Fackel trägt.

Ein Teller Haferschleim am Morgen und Reis zum Mittag: In der Küche gibt es kein extra Essen für einen Besucher.

Der Hahn ist aus Schlamm, der Hund aus Ziegelstein.

Liebevoll gehegte Blumen verwelken bald, doch verachtetes und niedergetretenes Unkraut wächst ständig nach.

Die Ärmel sind zu kurz, die Arme sind nackt.

Taumelnd, immer wieder taumelnd.

Die dreibeinige Kröte trägt einen riesigen Elefanten auf ihrem Rücken.

Die obigen Zitate reichen aus, um zu zeigen, wo sich der Zen-Meister aufhält, d. h. in welcher Hausatmosphäre er lebt. Wie rätselhaft diese Passagen auch erscheinen mögen, ihr grundlegender Grundton ist das, was man technisch als zweckfreie Handlungen oder ein Leben der Mühelosigkeit – in Sanskrit *anabhogacarya* – bezeichnet. Alle Mahayana-Sutras messen der Erlangung dieses zweckfreien Lebens die größte Bedeutung bei. Die Lilien auf dem Feld leben es, ebenso wie alle großen spirituellen Führer der Welt. Und alle Großen Gelübde des Bodhisattva erwachsen daraus; seine Gelübde sind keine Gelübde im gewöhnlichen Sinne des Wortes.

6

Zu den wenigen Ereignissen im Zusammenhang mit dem Leben im Zendo gehören die Teezeremonie, die zwei Mal im Monat, am ersten und am fünfzehnten, stattfindet, eine Art Prüfung, die am Ende eines Semesters stattfindet, und die Glocke, deren Läuten den Geist des Buddhismus zum Ausdruck bringt, der sich in den Tiefen seiner Anhänger und auch der orientalischen Menschen im Allgemeinen bewegt.

Die Teezeremonie ist eine einfache Angelegenheit, aber die Tatsache, dass alle Mönche zusammen mit dem Roshi den Tee aus einer Kanne trinken, ist ein Zeichen für das demokratische und brüderliche Gefühl, das dem Leben im Zendo zugrunde liegt. Manchmal hält der Roshi einen kleinen Vortrag über das Studium des Zen oder über die Taten der alten Meister und rüttelt sie zu neuen, verdoppelten Anstrengungen auf.

Einfachheit und Ordnung ist der vorherrschende und auffälligste Geist in allen Aspekten des Zendo-Lebens, aber es gibt hier keine militärische Strenge. (Tafel 41)

Am Ende eines jeden Aufenthaltes, des Sommers und des Winters, wird jeder Mönch zur Rechenschaft über sein Verhalten während des Semesters gezogen. Es steht ihm dann frei, das Kloster, in dem er seinen Aufenthalt verbracht hat, zu verlassen und an einen anderen Ort zu gehen. Jeder wird vor den obersten Mönchsfunktionär geladen und gefragt, was er jetzt tun wird, da die *angya*-Saison begonnen hat und es ihm freisteht, sie zu nutzen. Wenn er den Wunsch äußert, aus dem einen oder anderen Grund zu gehen, wird er ins Buch eingetragen.

Wenn er jedoch sein Leben im Zendo fortsetzen möchte, kann der oberste Mönch etwas über sein Verhalten während der vergangenen Zeit sagen. Wenn der Mönch sich korrekt verhalten hat, wird es keinen großen Kommentar geben. Ist dies nicht der Fall, wird er für sein Fehlverhalten streng gerügt, und in einigen extremen Fällen wird sogar eine Verweigerung der Verlängerung seiner Amtszeit das Urteil sein. Dies ist fatal für die Karriere des Mönchs, denn der Makel haftet an ihm, wo immer er hingeht, und alle Zendo-Türen können für ihn verschlossen sein. Diese Semesterabschlussprüfung ist daher ein ziemlich nervenaufreibendes Ereignis im Leben eines Zendo-Mönchs. (Tafel 42)

Es gibt mehrere Arten von Glocken, die im Kloster für verschiedene Zwecke verwendet werden; die auf der Abbildung im Anhang gezeigte *ogane* ist die größte. Sie läutet regelmäßig mindestens vier- oder fünf Mal am Tag; morgens meldet sie den Mönchen die Zeit des Aufwachens, die etwa halb vier ist, abends den Beginn der abendlichen Meditation, und nachts erklingt sie gegen neun oder halb zehn, damit die Mönche im Liegen ihre Übung beibehalten.

Der Geist des Buddhismus ist aufs Engste mit der großen Glocke verbunden, ohne die wir uns das Klosterleben nicht vorstellen können. Die Bedcutung der Glocke offenbart sich auf höchst bedeutsame Weise: Wenn die Dämmerung naht, die Wolken immer kühler werden, die Luft vollkommen still ist, der blasse und kaum zu erkennende Neumond kurz vor dem Untergang steht und die Vögel nach einem arbeitsreichen Tag ganz müde ihre Nester für die Nacht zwischen den Bergbäumen suchen, dann beginnt die Glocke ihre abendliche Mission zu läuten. Wenn der massive, ausgehöhlte Metallkörper mit einem schweren Holzstück angeschlagen wird, entweicht ihm ein weicher, klangvoller, seelenberuhigender Ton, der das ganze Tal erfüllt und nachhallt. Wenn wir nahe genug sind, hören wir den Mönch das *Kwannon-gyoa* rezitieren, das die dröhnende Glocke begleitet.

Yün-men ließ einst eine Glocke anfertigen. Als sie sein Kloster erreichte, baten die Mönche den Meister, sie zur Feier des Tages anzuschlagen. Er gab ihr den ersten Schlag, und die Mönche folgten ihm. Der Meister fragte: Was wollt ihr mit dem Anschlagen der Glocke erreichen? Die Mönche: Den Meister zu einem Festmahl einladen. Yün-men war mit dieser Antwort nicht zufrieden und gab seine eigene: Das Leiden zu beenden, dem Kummer ein Ende zu setzen.

Bei einer anderen Gelegenheit, als er einen Mönch die Glocke schlagen sah, fragte Yün-men: Wer hat diese Glocke gemacht? Der Mönch gab keine Antwort, woraufhin der Meister sagte: Du fragst mich, und ich werde dir eine Antwort geben. Der Mönch fragte, und der Meister sagte: Die Mönche. Eine andere Antwort des Meisters war, dass er die Glocke ein Mal selbst anschlug und dabei *Maha Prajnaparamita!* sagte.

Yün-men verkündete einmal, dass die wahre Leerheit die Existenz, so wie sie ist, nicht zerstört *(astitva);* die wahre Leerheit unterscheidet sich nicht von der Form *(rupam).* Der Mönch fragte: Was ist wahre Leere? Der Meister erwiderte: Hörst du die Glocke? Der Mönch sagte: Das ist der Klang der Glocke. Yüm-men schlussfolgerte: Du würdest es nicht mal verstehen, wenn du aufs Jahr des Esels warten würdest.

Das folgende Gedicht über die Glocke wurde von Soyen Shaku (gestorben 1919) aus Kamakura verfasst:

„Am frühen Morgen weckt sie einen aus einem langen, von Wolken der Unwissenheit umhüllten Schlaf. Am Ende des Tages sorgt sie dafür, dass man sich dem vollkommenen Mond der Wahrheit zuwendet, der am Himmel der großen Leere leuchtet. Wo nichts gehört, nichts gelehrt, nichts getan wird, erfüllt die dröhnende Glocke weiter die Luft und erschüttert den gesamten Brahma-Himmel."

Das Folgende von Ju-ching ist über eine kleine unter einem Dachvorsprung hängende Glocke; er war der Lehrer von Dogen, als dieser zwischen 1223 und 1228 in China Chan (Zen) studierte: „Der ganze Körper ist der in der Luft hängende Mund. Es ist ihm egal, aus welcher Richtung der Wind weht, Ost oder West, Nord oder Süd – ohne Unterschied hält er seine eigene Predigt über das *Prajna*: *Ti ting tung, ti ting tung,* und wieder *ti ting tung.*

Tafel 24: Eingang zum Zendo

Tafel 25: Hinterausgang des Zendo

Tafel 26: *Kinhin*-Übung im Gehen

Tafel 27: Verstauen des Bettzeugs

Tafel 28: Schlafenszeit

Tafel 29: Morgentoilette

Tafel 30: Mönche stehen Schlange

Tafel 31: Roshi ist zum *teisho* bereit

Tafel 32: Meditationshaltung

Tafel 33: Bereit zum *sanzen*

Tafel 34: Zwiegespräch mit dem Roshi

Tafel 35: Freundliche Taten

Tafel 36: Der Weckstab

Tafel 37: Tief in Meditation versunken

Tafel 38: Die Suche nach passenden Textstellen

Tafel 39: Verabschieden eines Mönchsältesten

Tafel 40: Zen-Mönche auf Pilgerschaft

Tafel 41: Teezeremonie mit dem Roshi

Tafel 42: Abschlussprüfung

Tafel 43: Die große Glocke schlagen

Anhang

Die zehn Buddhas

Vairochana Buddha als der *Dharmakaya*, rein und unbefleckt

Lochana Buddha als der *Sambhogakaya*, der Vollkommene und Umfassende

Sakyamuni Buddha als der *Nirmanakaya*, dessen Formen in Hunderttausenden von *koti* manifestiert sind

Maitreya, der ehrwürdige Buddha, der hier in der kommenden Zeit geboren werden soll

Alle Buddhas der Vergangenheit, Gegenwart und Zukunft in allen zehn Vierteln

Manjusri, der Bodhisattva der großen Weisheit

Samantabhadra, der Bodhisattva der großen Taten

Avalokitesvara, der Bodhisattva der Großen Liebe

Alle ehrwürdigen Bodhisattva-Mahasattvas

Maha Prajnaparamita

Der Spiegel der Ratschläge

Die wichtigste Aufgabe für die Zen-Mönche unserer Schule ist es, die von den alten Meistern hinterlassenen Koans zu verstehen. In letzter Zeit gibt es einige schlecht beratene Mitmenschen, die die Bedeutung des von den Weisen der Vergangenheit hinterlassenen Gedankengebäudes nicht kennen; sie verachten die alte Weisheit und erlauben ihren Schülern nicht, sie mit der gebotenen Sorgfalt zu studieren. Unsere eigenen Mönchsschüler, die nicht in der Lage sind, das Verdienst einer solch fehlgeleiteten Haltung dieser Unwissenden richtig abzuwägen, vergraben sich in der Höhle der Geisterwesen; sie machen sich über die alten Koans lustig und sind eitel Stolz auf diese Tatsache vor den erfahrenen Anhängern des Zen. Sie sind wirklich zu bemitleiden und auch auszulachen. Diejenigen, die kommen, um unter meiner Anleitung Zen zu studieren, sollten einen ernsten Zweifel hegen, jeder nach seinen Fähigkeiten, über die Bedeutung der alten Koans, als ob ihr Kopf in Brand gesetzt würde. Sie sollen ohne Unterbrechung weiter an den Koan zweifeln, bis sie in einen Zustand großer Fixierung gelangen. Ist diese durchbrochen, sind sie in der Lage, aus der Höhle von Geburt und Tod herauszuspringen. Dann können sie durchdringend verstehen, was in den Herzen der Weisen von einst war. Dies ist die Zeit, in der sie sich mit sich selbst wohlfühlen und in der Lage sind, all die freundlichen Gefühle zu erwidern, die die Buddhas und Väter für sie gehegt haben. Warum sollten sie dann ihr kostbares Leben verschwenden, indem sie nichts Ernstes oder Wichtiges tun?

Regeln für das tägliche Leben im Zendo (donai)

Die dringendste Aufgabe ist es, Zen zu studieren und zu meistern. Wann immer du also mit dem Meister sprechen möchtest, berate dich mit dem leitenden Mönch *(jikijitsu)* und versuche, den Meister zu sehen, egal zu welcher Tageszeit.

1

Wenn du den Zendo betrittst, falte deine Hände, Handfläche an Handfläche, vor deiner Brust; wenn du ihn verlässt, halte deine Hände, die rechte über der linken, vor der Brust. Dein Gehen und Stehen soll gebührenden Anstand zeigen. Lauf nicht über die Vorderseite des Manjusri-Schreins; sei nicht in Hektik und schwadroniere nicht, wenn du über den Boden gehst.

2

Während der Meditationsstunden ist es niemandem gestattet, die Halle zu verlassen, außer für die Befragung des Meisters. Die Pausenstunden sind für andere notwendige Bewegungen zu nutzen. Draußen ist kein Flüstern, kein Verweilen erlaubt.

3

Wenn das *kinhin* weitergeht, bleib nicht auf deinem Sitz; wenn du gehst, schlurfe nicht mit deinen Sandalen. Wenn du aufgrund von Krankheit daran gehindert bist, am *kinhin* teilzunehmen, stell dich mit Zustimmung des leitenden Mönchs *(jikijitsu)* an deinem Platz auf den Boden.

4

Der *keisaku* (Warnstab) muss mit Unterscheidungsvermögen bei den Mönchen eingesetzt werden, egal ob sie dösen oder nicht. Wenn du dich dem Warnstab unterwirfst, falte höflich deine Hände und verbeuge dich, erlaube keinen egoistischen Gedanken, sich durchzusetzen und Ärger zu hegen.

5

Zur Zeit der zwei Mal täglich stattfindenden Teezeremonie *(sarei)* darf niemand fehlen; es dürfen keine Reste auf den Boden geworfen werden.

6

Es dürfen keine sonstigen Gegenstände auf den Sitzen verstreut werden. Schreibmaterial ist nicht erlaubt. Ziehe deine Oberbekleidung nicht an deinem Sitzplatz aus, wenn du durch die Hintertür hinausgehst.

7

Auch wenn der Zendo nicht in regelmäßiger Sitzung ist, darfst du deine Zeit nicht dösend an die Rückwand gelehnt verbringen.

8

Niemand darf aus eigenem Antrieb den Warnstock *(keisaku)* benutzen, auch wenn er unter der Steifheit seiner Schultermuskulatur leidet.

9

Es ist nicht erlaubt, in die Stadt zu gehen oder die Vergnügungsviertel zu besuchen. Wenn es unbedingt notwendig ist, sollte man Geschäfte über die Diener *(jisha)* des Zendo abwickeln; ansonsten sind alle privaten Angelegenheiten an den „Nadel- und Moxa-Tagen" *(hashin kyuji) zu erledigen.*

10

An gewöhnlichen Tagen ist es den Mönchen nicht gestattet, das Quartier der Diener *(jisharyo)* aufzusuchen; wenn nötig, ist der *jikijitsu* (leitender Mönch) zu benachrichtigen.

11

Zur Zeit des Morgendienstes müssen die Schläfrigen streng mit dem *keisaku* (Warnstock) behandelt werden.

12

Bei den Mahlzeiten sollen sich die Mönche leise verhalten und bei der Handhabung der Schalen keinen Lärm machen; die wartenden Mönche sollen sich ruhig und in gebührendem Anstand bewegen.

13

Wenn die nächtlichen Meditationsstunden vorbei sind, gehe sofort zu Bett; störe andere nicht durch Sutra-Lesen, Verbeugungen oder Flüstern mit den benachbarten Mönchen.

14

Während des Semesters dürfen die Mönche das Kloster nicht verlassen, es sei denn, ihre Lehrer oder Eltern sind schwerkrank oder tot.

15

Wenn ein Mönch neu in die Bruderschaft aufgenommen wird, wird dies verkündet und er nimmt den ihm zugewiesenen Platz ein; aber bevor dies geschieht, muss er sich zuerst vor dem Heiligen Mönch (d. h. Manjusri) verbeugen und dann dem Oberhaupt der *tan* und dem *jikijitsu* (leitender Mönch) seinen Respekt erweisen.

16

Wenn die Mönche auf ihre Betteltour gehen, sollen sie nicht mit den Armen schwingen, die Hände in das Kleid stecken, nicht torkelnd durch die Straßen gehen oder einander zuflüstern; denn solche Verhaltensweisen schaden der Würde des Mönchtums. Wenn sie auf den Straßen Pferden, Kutschen usw. begegnen, sollen sie darauf achten, nicht gegen sie zu laufen. In all ihren Bewegungen sollen die Mönche geordnet sein.

17

Die Tage, die die Zahlen vier und neun tragen, sind die Tage für allgemeines Fegen, Rasieren, Baden, Arbeiten im Freien usw.; auch Nähen, Moxa-Verbrennung usw. dürfen an diesen Tagen stattfinden. Die Mönche sollen sich an diesen Tagen nicht gegenseitig besuchen und sich die Zeit nicht damit vertreiben, untätig zu sein, Witze zu reißen und unsinnig zu lachen.

18

Was die Festlegung der Badetage für die Bruderschaft betrifft, werden die damit betrauten Mönche gebeten, sich mit dem *shikaryo* (Leiter des Generalbüros) zu verständigen und nach seinen Anweisungen zu handeln.

19

Wenn jemand unpässlich ist, muss die Angelegenheit dem *jikijitsu* und dem begleitenden Mönch *(jisha)* gemeldet werden, und der Kranke wird aus dem Zendo entfernt. Während er gepflegt wird, darf er weder Bücher lesen, noch sich mit literarischen Arbeiten beschäftigen, noch seine Zeit mit müßigem Gerede verbringen. Wenn er nach fünf Tagen zurückkommt, wird von ihm erwartet, dass er den Ritus der Rückkehr zum Zendo vollzieht.

Die oben genannten Vorschriften sind sorgfältig zu beachten. Diejenigen, die dagegen verstoßen, gehören zur Familie des Bösen und stören das Wohl der Gemeinschaft. Sie sollen nach Abhaltung eines Konzils schnellstens ausgeschlossen werden. Der Grund dafür ist, das Leben der Gemeinschaft so lange wie möglich zu erhalten.

Regeln für das Krankenzimmer

Jeder, der aufgrund einer Krankheit in diesem Zimmer wohnt, soll nicht vergessen, neben der Einnahme von Medikamenten still Zazen zu praktizieren, auch wenn er den Kopf auf dem Kissen hat. Vernachlässige niemals die Übung der Kultivierung des rechten Denkens. Wird dies nicht getan, kann sich die Krankheit verschlimmern und die Medizin nicht mehr wirksam sein. Täglich sollen drei Dosen der Medizin eingenommen werden; jeder Korb voll Kohle kostet drei Sen.

1

Feuer jeder Art ist sorgsam unter Kontrolle zu halten.

2

Weder Sake noch Kräuter aus der Familie der Zwiebeln sind erlaubt, auch nicht als Medizin. Je nach Art der Krankheit ist spezielles Kochen erlaubt, nachdem man sich im Büro gemeldet hat.

3

Achte darauf, das Bettzeug nicht zu verschmutzen.

4

Solange ein Mönch im Krankenbett liegt, ist es ihm nicht erlaubt, Bücher zu lesen, sich mit literarischer Arbeit zu beschäftigen oder seine Zeit mit trivialen Gesprächen zu vertrödeln. Wenn er nach fünf Tagen Abwesenheit aus dem Krankenzimmer kommt, wird von ihm erwartet, dass er den Ritus der Rückkehr in den Zendo vollzieht.

Regeln für die offiziellen Quartiere (jyoju)[3]

Die wichtigste Aufgabe des Mönchtums ist es, Zen zu studieren, und es wird von dir erwartet, dass du dich dabei anstrengst. Nach der täglichen Arbeit sollst du die Abendmeditation wie im Zendo abhalten.

Ein alter Meister sagte: „Die Übung während der Arbeit ist hunderttausendmal wertvoller als die Übung in der Ruhe." Behalte dies im Hinterkopf und streng dich an, so gut du kannst.

1

Achte auf alle Arten von Feuer und Licht.

2

Beim Morgen- und Abenddienst und bei anderen Gelegenheiten, die eine Anwesenheit erfordern, sollen die

---

[3] Wörtlich: „ewig verweilen". Das Kloster, in dem Zen studiert wird, ist in zwei Bereiche unterteilt: *jyoju* und *donai*. Der *jyoju*-Bereich ist das offizielle oder geschäftliche Quartier, in dem die mit dem Zendo-Leben verbundenen Angelegenheiten erledigt werden, wie z. B. die Zubereitung der Mahlzeiten für die Mönche, die Pflege der Buddha-Halle, die Planung der täglichen Arbeit, die Beschaffung von Vorräten, der Besuch von Besuchern, die Bezahlung von Rechnungen, die Entgegennahme von Spenden usw. Für diese Ämter werden ältere Mönche mit einer gewissen Erfahrung ausgewählt, und der Wechsel des Personals findet alle paar Monate statt; sie haben ihre eigenen, separaten Räume außerhalb des Zendo. Der *donai* bedeutet innerhalb des Zendo, oder *sodo*. Dies ist der Ort, an dem die Mönche ihre Meditationssitze haben.

Mönch-Amtsträger nicht hinter den anderen zurückbleiben.

3

Versuche bei den Mahlzeiten auf jeden Fall, an einer zweiten Sitzung teilzunehmen, wenn du durch deine Arbeit aufgehalten wurdest. Beim Hantieren mit den Schüsseln und beim Schlürfen der Suppe sollst du keinen Lärm machen. Die wartenden Mönche müssen sich ordentlich und anständig benehmen.

4

Wenn du betteln gehst oder Arbeiten im Freien verrichtest, wird auch von dir erwartet, dass du dich den anderen anschließt; wenn du daran gehindert wirst, versäume es nicht, dies dem *shikaryo zu* melden.

5

Besuche keine anderen offiziellen Räume und verbringe die Zeit nicht mit Klatsch und Trivialitäten, wodurch du nur die Stunden der Meditation unterbrichst. Wenn geschäftliche Besuche erforderlich sind, verlängere diese nicht über das absolut Notwendige hinaus.

6

Es ist strengstens verboten, die Stadt zu verlassen. Wenn es notwendig ist, das Tor zu verlassen, muss der *shikaryo* benachrichtigt werden. Beim Ausgehen in der Stadt wird ein manierliches Verhalten der Mönchsgemeinschaft erwartet.

7

Wenn du krank bist und nicht am religiösen Dienst teilnehmen kannst, ist dies dem *shikaryo zu* melden; solche Mönche dürfen keine anderen offiziellen Räume besuchen.

8

Wenn die abendlichen Meditationsstunden vorbei sind, muss sich jeder Mönch sofort in sein eigenes Bett zurückziehen. Es ist nicht erlaubt, das Licht zu verschwenden, indem man lange aufbleibt und Unsinn redet. Das Bettzeug und andere Gegenstände sind sauber zu halten.

9

Alle Gegenstände und Möbelstücke, die zum *jyoju*-Quartier gehören, sind mit äußerster Sorgfalt zu verwenden. Achte darauf, sie nach Gebrauch wieder an ihren Platz zurückzustellen. Ein alter Meister sagte: „Alle Besitztümer des *jyoju* sind so zu verwenden, wie ein Mensch seine eigenen Augen behandelt."

10

Die Sandalen dürfen nicht achtlos auf dem Boden liegen gelassen werden. Beim Auf- und Abgehen im Flur soll man keine raschelnden Geräusche machen. Verharmlose nicht die trivialen Taten des täglichen Lebens, denn aus ihnen erwachsen große Tugenden. Bete, sei achtsam auf alles, was oben gesagt wurde.

Mönche, die die Zen-Kunst beherrschen wollen, pilgern auf der Suche nach einem fähigen Meister und fortgeschrittenen Freunden. Wenn es Abend wird, suchen sie ein Kloster auf, in dem sie die Nacht verbringen können. Nachdem ihnen der Zutritt zur Herberge gestattet wurde, entledigen sie sich ihrer Reisekleidung und setzen sich in der Meditationshaltung mit dem Gesicht zur Wand. Es ist sehr bedauerlich, dass es in letzter Zeit einige reisende Mönche gibt, die nicht den Wunsch haben, sich gemäß den alten Bräuchen zu verhalten. Die Hauptsache für die Mönche ist jedoch, dass sie ihre ganze Energie der Erledigung der schwerwiegendsten Aufgabe widmen, die sie in diesem Leben haben können, in welcher Umgebung sie sich auch befinden mögen. Der Sinn der Pilgerreise im Zen liegt nirgendwo anders als hier, wie man in der Antike in der Gesellschaft von Seppo, Ganto und Kinzan gesehen hat. O Mönche, seid immer fleißig!

1

Nach dem Läuten der Abendglocke werden keine Wandermönche mehr zugelassen.

2

Verlange keine zweite Übernachtung, auch wenn der Tag noch so stürmisch und windig ist. Im Krankheitsfall wird diese Regel außer Kraft gesetzt.

3

Es ist nicht erlaubt, gegen die Reisetasche gelehnt zu dösen. Der untergebrachte Mönch darf nicht zu Bett gehen, bevor die abendlichen Meditationsstunden beendet sind oder bis ihm ein entsprechender Hinweis gegeben wird.

4

Besuche den Morgendienst, wenn die Glocke in der Halle ertönt; das *kesa* kann weggelassen werden.

5

Der morgendliche Haferschleim wird serviert, wenn das *umpan* (Wolkenbrett) angeschlagen wird.

6

In der Nacht darf kein Licht angezündet werden.

Regeln für den Baderaum

Beim Baden muss der vorzügliche Kontakt mit der Wärme zur Erkenntnis der Natur des Wassers führen. Hier ist kein leeres Gerede erlaubt. Vor und nach dem Bad ist dem ehrwürdigen Bhadra angemessener Respekt zu erweisen [sic!].

1

Feuer muss mit größter Vorsicht behandelt werden.

2

Die Arbeit in den Bädern wird abwechselnd von den Mönchen des Zendo übernommen. Ansonsten werden Anweisungen vom s*hikaryo* gegeben.

3

Wenn der Meister sein Bad nimmt, lasse seine Bediensteten benachrichtigen. Bei anderen angesehenen Persönlichkeiten wird besonders auf die Sauberkeit und Ordnung des Bades geachtet.

4

Wenn das Bad fertig ist, werden die Holzklötze vorschriftsmäßig geschlagen und die Mönche von den Zendo-Wärtern im Wechsel in den Raum geführt.

5

Als Brennstoff werden totes Laub aus dem Wald und andere Abfallstoffe verwendet.

6

Wenn das Bad zu Ende ist, kratze die Glut und die heiße Asche unter dem Badetopf gründlich aus und lasse sie vollständig verlöschen.

7

Am darauffolgenden Tag wird die Badewanne gründlich geschrubbt und der gesamte Raum gereinigt, während die Gefäße ordentlich aufgestellt werden.

Die oben genannten Artikel sind in allen Punkten zu beachten. Es ist keine willkürliche Benutzung des Badezimmers gestattet, die die zügige Ausführung des öffentlichen Amtes unterbrechen könnte.

Die Klanginstrumente im Zen-Kloster

Im Zendo werden die Bewegungen der Mönche bei verschiedenen Anlässen durch den Einsatz verschiedener klangerzeugender Instrumente gelenkt. Es werden keine mündlichen Anweisungen gegeben; aber wenn ein bestimmtes Instrument erklingt, wissen die Mönche, was es zu diesem bestimmten Zeitpunkt bedeutet. Die beigefügten Bilder veranschaulichen solche Instrumente.

Die *ogane* (1, Abbildung Seite 175) ist die größte Glocke des Klosters. Sie hängt unter einer speziell angefertigten Struktur, wie auf Tafel 43 dargestellt. Der schwere schwingende Balken (2, *shumoku)* wird zum Anschlagen der Glocke verwendet. Diese Glocke spiegelt den Geist des buddhistischen Tempels wider. Das Geläut hat eine besonders seelenberuhigende Wirkung. Lafcadio Hearn bezieht sich in seinem Buch *Unfamiliar Japan,* Vol. I, auf die große Glocke des Engakuji und beschreibt sehr schön ihren süßen, wogenden Ton, wenn sie angeschlagen wird, und die wirbelnden Wellen des Echos, das über die umliegenden Hügel rollt. Als Kunstwerk nimmt die Glocke eine wichtige Stellung ein, und es gibt heute in Japan viele alte Glocken, die zu den Nationalschätzen des Landes zählen.

Das *densho* oder *hansho* (3) ist viel kleiner und wird im Allgemeinen unter dem Dachvorsprung aufgehängt. Es wird mit einem Klöppel (4) angeschlagen. Wenn eine

Versammlung in der Buddhahalle stattfindet, werden damit die Mönche aus dem Zendo gerufen.

Umpan (5) ist eine „Wolkenplatte" aus Bronze. Wenn sie erklingt, bedeutet dies, dass der Speisesaal geöffnet ist.

Han (7) ist ein schweres, massives Holzbrett, das an der Eingangstür des Zendo hängt. Wenn es angeschlagen wird, wissen die Mönche, dass die Zeit gekommen ist, aufzustehen oder sich zu Bett zu begeben, oder dass ein *teisho* stattfinden wird usw. Die Zeichen lauten: Geburt und Tod ist das gravierende Ereignis, die Vergänglichkeit wird bald da sein, jeder möge zu dieser Tatsache aufwachen. Da ihr immer ehrfürchtig seid, gebt euch nicht der Ausschweifung hin. Die letzten beiden Zeilen lesen sich bei verschiedenen Zendos manchmal anders. Das Brett wird, wenn es angeschlagen wird, mit Hilfe der Schnüre, die unten in einer Schlaufe hängen, ergriffen.

Kin oder *keisu* (9) ist ein hoher, mittelgroßer Metallgong in der Buddha-Halle. Sein Rand wird mit einem Stock (10) angeschlagen, um die Sutra-Lesung zu unterstreichen. Der kleinere Gong, *rin* oder *shokei* (16), wird ebenfalls in diesem Zusammenhang verwendet.

Zwei Arten von Glocken (*suzu* oder *rei)*, die von Roshi verwendet werden, sind in (11) dargestellt. Die Wahl ist individuell. Es werden auch andere Arten verwendet, von denen eine in (15) angegeben ist.

Inkin (12) wird immer in der Hand getragen und mit einem Metallstab angeschlagen, der mit einer Schnur daran befestigt ist. Wenn der Obermönch ihn im Zendo anschlägt, bedeutet dies den Beginn oder das Ende der Meditationsstunden. Wenn er dies an der Spitze einer Prozession tut, bedeutet es, dass alle Mönche, die sich der Prozession anschließen, stehen bleiben und sich dann setzen sollen, oder dass sie sich aus der sitzenden Position erheben und zum Zendo zurückgehen sollen.

Kansho (13) wird benutzt, wenn die Mönche den Roshi zum Thema Zen befragen wollen. Wenn die *sanzen*-Stunde kommt, schlägt der Diener des Roshi diese Glocke mit dem Hammer an (14). Die Mönche kommen aus dem Zendo, einer nach dem anderen, wenn es ein *dokusan* ist, und in einer Reihe, wenn es ein *sosan ist;* sie setzen sich in der Reihenfolge ihrer Ankunft vor die Glocke. Der Meister befragt einen Mönch nach dem anderen. Wenn er bereit ist, läutet er seine Handglocke (11), worauf der Mönch mit einem Schlag seiner Glocke (13) antwortet, ein Mal für *sosan* und zwei Mal für *dokusan.*

Rei (15), auch *rin* genannt, ist eine Handglocke, die durch Schütteln klingelt. Sie wird vom Roshi benutzt, aber auch von einem Mönch, wenn er die Sutras liest, während er z. B. zur Essenszeit vor Idaten, dem Küchengott, steht.

Die große Trommel, *hokku* (18), wird in der Regel auf einem hohen Ständer in einer Ecke der Buddha-Halle aufgestellt. Wenn eine allgemeine Versammlung stattfindet, wird sie mit zwei Stöcken (19) geschlagen, abwechselnd in einem eigentümlichen Rhythmus.

Der große Holzfisch (20), *ho* genannt, wird hauptsächlich im Soto-Kloster und nicht im Rinzai-Kloster verwendet. Das Innere ist ausgehöhlt. Er wird verwendet, um das Mittagsmahl anzukündigen. Wie der Fisch zu seiner Funktion im buddhistischen Tempel kam, ist unbekannt. Manche meinen, der Fisch sei ein Symbol der Unsterblichkeit, weshalb er auch in der christlichen Symbolik häufig zu finden ist. Der Buddhismus ist jedoch die Lehre, in der die Wiedergeburt und nicht die individuelle Unsterblichkeit betont wird.

Mokugyo (24), wörtlich ein hölzerner Fisch, soll eine Abwandlung des *ho* (20) sein. Es handelt sich um einen eigenartig geformten, rundlichen, massiven Holzklotz, der innen ausgehöhlt ist und in allen Größen erhältlich ist, wobei die kleinste an der längeren Seite nur einen Zoll misst, während die größeren sogar mehr als einen Meter lang sein können. Der Körper ist mit einem Fischschuppenmuster versehen, und an der Stelle, an der er in eine Art Griff ausläuft, ist ein Augenpaar eingeschnitzt. Er wird mit einem Stock geschlagen, dessen oberer Teil ausgestopft und mit Leder umwickelt ist (25). Der so erzeugte Klang hat eine seltsame hypnotische Wirkung auf den Hörer. Wenn er die Sutra-Lesung begleitet, zum Beispiel vor einem *teisho,* macht er den Geist der Zuhörer richtig aufnahmefähig für das, was kommen wird.

Es gibt zwei Arten von Klöppeln, *hyoshigi* (22 und 23), die im Kloster verwendet werden. Es sind massive Stücke aus hartem Holz; die größeren können etwas länger als einen Fuß lang sein und die kleineren etwa einen halben Fuß lang. Letztere werden im Zendo verwendet, während die ersteren draußen benutzt werden, zum Beispiel, wenn die Mönche essen wollen, wenn das Bad fertig ist und bei anderen Gelegenheiten.

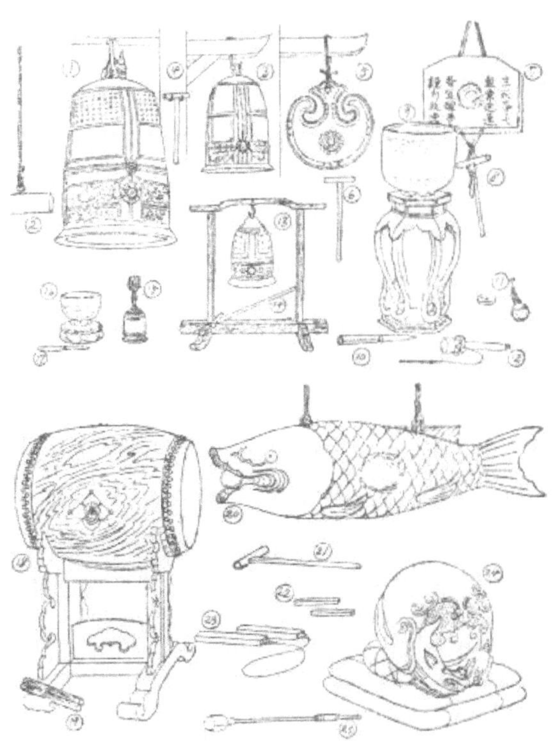

Vers zur morgendlichen Haferschleim-Mahlzeit

Die Haferschleim-Mahlzeit hat zehn Vorteile,
von denen die Übenden profitieren.
Die Folgen, die sich daraus ergeben, sind grenzenlos
und führen sie schließlich zum ewigen Glück.

Vers nach der morgendlichen Mahlzeit

Wenn wir die morgendliche Mahlzeit beendet haben,
lasst uns beten, dass alle Wesen
jede Aufgabe erfüllen, mit der sie beschäftigt sind,
und mit allen Buddha-Dharmas ausgestattet werden.

Vers des Mittagsmahls

Das Mahl hat drei Tugenden und sechs Geschmäcker,
dargebracht dem Buddha und der Bruderschaft.
Lasst alle fühlenden Wesen im Dharmadhatu
gleichermaßen an der Darbringung teilhaben.

Vers nach dem Mittagsmahl

Nachdem ich die Reismahlzeit beendet habe,
ist meine Körperkraft vollständig wiederhergestellt.
Meine Macht erstreckt sich über die zehn Richtungen
  und über die drei Zeiträume,
und ich bin ein starker Mensch.
Was die Umkehrung des Rades
  von Ursache und Wirkung anbelangt,
so ist daran kein Gedanke zu verschwenden.
Mögen alle Wesen wundersame Kräfte erlangen!

Vers für die Saba (Geister, Lebewesen)

Oh, ihr aus den geistigen Welten,
dies biete ich euch jetzt an.
Diese Speise soll die zehn Richtungen füllen,
und alle Lebewesen sollen sie genießen.

Die fünf Überlegungen

Lasst uns erst über unsere eigene Arbeit nachdenken,
lasst uns sehen, woher das kommt.
Zweitens sollten wir darüber nachdenken,
wie unvollkommen unsere Tugend ist,
und ob wir dieses Angebot verdienen.
Drittens: Das Wichtigste ist, dass wir unseren Geist
unter Kontrolle halten und von den verschiedenen
Fehlern, der Gier usw. losgelöst sind.
Viertens: Die Einnahme als Heilmittel dient dazu,
unseren Körper bei guter Gesundheit zu erhalten.
Fünftens: Um die Aufgabe der Erleuchtung zu erfüllen,
nehmen wir diese Nahrung an.

Vers der drei Bissen der Nahrung

Der erste Bissen soll alle Übel vernichten.
Der zweite ist dafür, alle guten Taten zu praktizieren.
Der dritte ist dafür, alle fühlenden Wesen zu retten.
Mögen wir alle den Pfad der Buddhaschaft erlangen.

Vers des Abwassers

Dieses Wasser, mit dem die Schalen gereinigt wurden,
hat den Geschmack von himmlischem Nektar.
Ich biete es euch Heerscharen der geistigen Reiche an.
Möget ihr alle gesättigt und zufrieden sein!
Om, Ma-ku-la-sai Svaha!

Glossar

Angya	Zen-Pilgerschaft (zu Fuß gehen)
Densuryo	Für die Buddha-Halle verantwortliches Büro
Dokusan	Freiwilliges individuelles Gespräch mit dem Meister (*sanzen*)
Donai	Anderer Name für Zendo, im Unterschied zu den Amtsquartieren
Enudo	Krankenzimmer (lebensverlängernder Raum)
Fusuryo	Büro für Aufzeichnungen zum Zendo
Hashin kyuji	Nadelarbeiten und Moxa-Behandlung
Higan	Tempel- und Grabbesuche in März und September
Hojo	Abtszimmer (zehn Fuß im Quadrat)
Inryo	Rückzugszimmer für den Meister
Jikijitsu	Obermönch und Aufseher des Zendo
Jisha	Gehilfe
Jisharyo	Büro des Gehilfen beim Zendo
J(y)oju	Amtsquartiere, wo Geschäftliches erledigt wird

Kafu	„Haushaltsluft“
Keisaku	Warnstab
Kesa	Skt. *kashaya*, Robe
Kesa bunko	Aufbewahrungsbox für die Kesa
Kinhin	Gehübung im Zendo
Koan	Vom Meister gegebenes, zu lösendes Problem, sprich: ko-an
Koza	Gespräch über ein Zenbuch
Kwatz!	Ausruf des Meisters, speziell im Rinzai
Kyogai	Skt. *gocara*, geistige Einstellung
Mokugyo	Holzinstrument fürs Sutralesen
Otoki	Abendessen
Roshi	Meister, alter Lehrer
Saiza	Abendessen
Sake	Aus Reis gewonnener Alkohol
Sanzen	Zen studieren (Vieraugen-Gespräch mit dem Meister)
Sarei	Teezeremonie
Satori	Die Wahrheit des Zen verstehen
Segaki	Hungrige Geister füttern (*gaki* = skt. *preta*)
Semmon Dojo	Zen-Institut

Sesshin	Spezielle Übungsperiode des Zazen
Shikaryo	Einst für Besucher verantwortliches Büro, heute zusammen mit dem *fusuryo* für allgemeine Angelegenheiten zuständig
Tan	Erhobene Tatami-Ebene im Zendo
Tangwa dzume	Die Unterkunft belegen – Ritual für den angehenden Novizen, bevor er zum Zendo zugelassen wird
Tan-to	Verantwortlicher fürs *tan*
Tatami	Reisstrohmatte von 3 x 6 Fuß Größe
Teisho	Vortrag des Meisters (auch *koza*)
Tendoku	Rezitieren während des Blätterwendens
Tenzoryo	Büro für Vorräte und Küche
Umpan	Bronzetafel in Wolkendesign, mit der Mönche zu den Mahlzeiten gerufen werden
Yakuseki	Abendmahlzeit als „Medizin“
Zagu	Stofftuch, auf dem Niederwerfungen vollzogen werden
Zazen	Sitzmeditation
Zempanryo	Für den Meister reservierte Quartiere
Zendo	Aufenthaltsgebäude der Mönche